在乎每一颗星星

一名特级教师的教育独白

周明 著

江苏凤凰科学技术出版社 · 南京

图书在版编目(CIP)数据

在乎每一颗星星 ：一名特级教师的教育独白 / 周明著. -- 南京 ：江苏凤凰科学技术出版社，2024. 10.
ISBN 978-7-5713-4485-6

Ⅰ. G4

中国国家版本馆 CIP 数据核字第 20249J8V92 号

在乎每一颗星星：一名特级教师的教育独白

著　　　者　周　明
责 任 编 辑　刘文芳
责任设计编辑　孙达铭
责 任 校 对　仲　敏
责 任 监 制　周雅婷

出 版 发 行　江苏凤凰科学技术出版社
出版社地址　南京市湖南路 1 号 A 座，邮编：210009
编 读 信 箱　skqsfs@163.com
联 系 电 话　(025)83657623
印　　　刷　溧阳市金宇包装印刷有限公司

开　　　本　718 mm×1000 mm　1/16
印　　　张　17.25
字　　　数　270 000
版　　　次　2024 年 10 月第 1 版
印　　　次　2024 年 10 月第 1 次印刷

标 准 书 号　ISBN 978-7-5713-4485-6
定　　　价　58.00 元

序

因为热爱，所以在乎

从生活中折射的教育观是朴素的，更是生动的，正如江苏省特级教师、正高级教师周明的教育哲学。

《在乎每一颗星星：一名特级教师的教育独白》中汇集了周明老师80多篇原创教育感悟，分六个部分：第一辑，教育·顺性——到海里去找鱼；第二辑，教育·厚德——成为你自己的那束光；第三辑，教育·镜子——擦亮孩子的镜子；第四辑，教育·点灯——点亮自己的那盏灯；第五辑，教育·生活——孩子，慢慢你就会明白；第六辑，教育·成全——你我皆是摆渡人。周明老师用朴素的语言，从生活细节出发，写到教育的哲思，再写到对每一个生命个体的尊重，体现了他在教师、校长、学校党总支书记等不同角色变化中逐渐成熟的教育观。

教育不是孤立的，而是与世界万物相联结的。本书收录的系列文章，许多都是从生活中细小、日常的事物延展开来，从而呈现出一个广袤而丰富的教育世界。这种广泛的联结性思考，能够打开边界，把握教育全貌。在人工智能不断演进的当下，周明老师用一种冷静的方式追溯教育，回归教育本身的意义，从事物的诸多表象中对教育本质进行探寻，使处于深度变革期的教育要素浮现出来，这是非常难得和实用的方式，也是本书的价值所在，体现出在变化的时空中，有他不变的教育情怀；在变化的年龄里，是他对教育不变的挚爱。

笔者曾问及周明老师的教育理念，他说："我只是一名普通的历史教师，哪有什么理念？如果一定要问教育主张的话，那就是主张教育过程中'在乎每一个'。"

周明老师"在乎每一个"的教育主张，通过本书的六个部分集中呈现：他主张"教育即顺性"，教育要顺应孩子的个性发展；他主张"教育即厚德"，教育者要引导孩子向善向上；他主张"教育即身教"，教育者要为孩子树立一面面镜子；他主张"教育即点灯"，教育者要点亮孩子们的"心灯"；他主张"教育即生活"，要让孩子们在生活中感受教育的本真；他主张"教育即成全"，教育者要将孩子"摆渡"到成功的彼岸。

周明老师“在乎每一个”的教育主张，源自对儒家“有教无类”“因材施教”教育思想的积极传承，源自对教育教学问题的自主反思，更源自他对教育、对孩子们的热爱。在他看来——

“在乎每一个”需要发现特长。教育者要有发现的眼光，要善于从“芸芸众生”中发现“不一样的他”，然后根据这些“不一样”，去设计不一样的培养目标、不一样的生涯规划、不一样的培养方式。对于不一样的对象，要真正做到因材施教，让大树长成最好的大树，让小草长成最好的小草……

“在乎每一个”需要多元评价。“用一把尺子量人”，其结果就是引导大家“千军万马过独木桥”；“用多把尺子量人”，才是真正“在乎每一个”。对于学生，要以学生的核心素养为中心，以培养学生特长为重点，而不是简单地用分数来评价一个学生的表现；对于老师，也不可以简单地用平均分、优等生率等指标来评价，要从师德、师能等多元视角来评价，引导教师成为“四有”好教师。

“在乎每一个”需要学会等待。不是所有的花都有相同的花期，孩子的发展、成长有其自身规律，教育者急躁不得，要学会等待：在给培养对象无限美好期许的同时，要“静待花开”，静待他们的成长，静待他们成为“不一样的我”，静待他们的“下一个精彩”。

《在乎每一颗星星：一名特级教师的教育独白》不仅是教育者践行人本教育的“参考书”，也是教育管理者自主反思教育的“原味坊”，更是优化家庭教育的“新航标”。在本书中，周明老师用灵动的语言，阐释了教育过程中“在乎”的真谛：陪伴、呵护、激励、唤醒、成全……

在诸多头衔中，周明老师最在乎的是“历史教师”，他一直坚守在高中历史教学的三尺讲台前。他曾对学校的行政人员说，我们唯一的资格证是“教师资格证”，所以要始终牢记“课比天大”，做到“爱生如爱子”。

真正的农人，会在乎每一株庄稼；真正的教育，会在乎每一个孩子。因为热爱，周明老师坚守三尺讲台终不悔；因为热爱，他探索教育规律不懈怠；因为热爱，他“在乎每一个”的教育主张，才更显人本情怀。

王湘蓉

（民进中央教育委员会秘书长、《教育家》杂志社副总编辑）

2024年6月

目 录

第一辑 | 教育·顺性——到海里去找鱼

第二辑 | 教育·厚德——成为你自己的那束光

第三辑 | 教育·镜子——擦亮孩子的镜子

第四辑｜教育·点灯——点亮自己的那盏灯

第五辑｜教育·生活——孩子，慢慢你就会明白

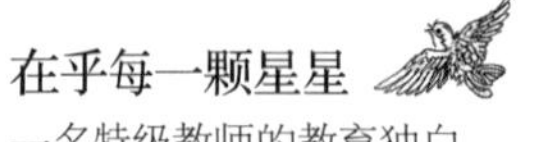

第六辑 | 教育·成全——你我皆是摆渡人

第一辑

教育·顺性——到海里去找鱼

万物皆有灵，特性各不同。教育的目的，不是打造“同样的产品”，而是从儿童的个性出发，顺应他们的特性，让他们的特长得以张扬和发展，成为“最好的自己”。顺性而育，应该是教育的本质追求。

到海里去找鱼

成语经历了岁月的淬炼，形成了特定的内涵，最终成为历史的沉淀。例如“南辕北辙”“缘木求鱼”，都是形容人们的行事犯了方向性的错误。

「 1 」

近日，我偶然读到了《孟子·梁惠王上》中的一段文字：

曰：“然则王之所大欲可知已：欲辟土地，朝秦楚，莅中国而抚四夷也。以若所为，求若所欲，犹缘木而求鱼也。”

王曰：“若是其甚与？”

曰：“殆有甚焉。缘木求鱼，虽不得鱼，无后灾；以若所为，求若所欲，尽心力而为之，后必有灾。”

「 2 」

这段文字记录了孟子和齐宣王的对话，齐宣王想让孟子给他谈谈齐桓公、晋文公称霸的事。而在孟子看来，齐宣王想开拓疆土，称霸中原，可无论是凭齐国的综合实力，还是凭齐宣王的国家治理理念，都无法实现这一理想。孟子认为，齐宣王凭着自己的治理理念去实现所谓的理想，真好比是爬上树去找鱼一样。孟子还进一步指出：爬上树去找鱼，虽然找不到鱼，也不会有什么后患；但“如果按您的做法去实现您的心愿，费尽心力去做了，到头来必定有灾祸发生”。

「 3 」

历史总是有惊人的相似之处，在我们的教育过程中，“缘木求鱼”的案例比比皆是。当我们慨叹“理想很丰满，现实很骨感”的时候，也要反思一下：我们的教育行为，是否也在一定程度上“缘木求鱼”呢？比如，当孩子某次考试成绩很不理想时，有的家长往往“怒火万丈”。出发点是好的，但在你的怒火之下，已经茫然的孩子更加不知所措，更加心灰意冷，因而自信全无，下次考试成绩可能会更差。

当教育效果和你的出发点“南辕北辙”的时候，这样的“发火式”教育是不是在“缘木求鱼”呢？当孩子成绩出现暂时性下滑的时候，他已经非常痛苦了，作为家长或老师如果再进一步批评或指责他，无异于“抱薪救火”，薪不尽，火不灭。鱼不在陆上，更不在树上。正确的做法是，到海里去找鱼。

「4」

到海里去找鱼，需要我们学会冷静。对于暂时落后的孩子来说，他已经非常着急了，最需要的是家长或老师的冷静。佛家说“静能生慧”，意思是说，心静下来，就会产生智慧。白居易在《船夜援琴》中写道：“心静即声淡，其间无古今。”意思是说，如果心静下来，整个世界都是美丽的。

当心冷静了，我们才更容易看清事物的本来面目，找到孩子最初的样子；当我们的心冷静了，才更容易和孩子建立沟通的桥梁；当我们的心冷静了，才有可能让孩子本已焦灼的心降温。大海是浩瀚无边的，捕鱼人需要静下心来，才有可能满载而归；孩子的内心就像大海，教育者同样需要静下心来，才可能有真正的“渔获”。

「5」

到海里去找鱼，需要我们学会观察。捕鱼需要经验，而经验积累的起始点就是观察。捕鱼人要观察海水的深浅、海水的温度、海水的流向、海水的律动……除了这些，还要观察洋流、气候、鱼的特性等。教育也是这样，在教育孩子之前，你需要反复观察孩子的习性、孩子的优势、孩子的缺点……

如果孩子某次成绩落后了，你需要把平时对孩子的观察和考试的表现结合起来，对症下药，才可能见效。《管子》云：“不审不聪则谬”“不察不明则过”。如果你没有认真观察，就去进行所谓的教育，这和“缘木求鱼”又有什么区别呢？你不能没有看清面前到底是大海还是高树就去找鱼。

「 6 」

到海里去找鱼，需要我们学会“望闻问切”。望闻问切，是中医的传统医道。教育中所谓的望闻问切，就是帮助孩子找到“病根”；找到“病根”，才有可能找到“药方”。当孩子暂时落后时，你的“问切”的心应该体现在帮助他找到失误的原因：是基础不牢，还是考试心态出了问题？是暂时的失误，还是复习方向存在偏差？是答题不规范，还是答题技巧存在缺陷？……

如果仅仅是心态问题，就需要孩子树立信心；如果是规范的问题，就需要孩子在答题时重视规范作答；如果是时间分配出了问题，就需要孩子在优化考试时间分配上下功夫；如果是解题方法上存在缺陷，那就需要孩子重视平时解题方法的优化……

「 7 」

“缘木求鱼”错在哪了？一是错在方向，二是错在方法。如果我们的教育方向和方法都出现了问题，那结果就可想而知了。这正如国外的一句格言所说：“世界上最重要的事，不在于我们在何处，而在于我们朝着什么方向走。”

鱼，在海里，不在树上。生活中的“缘木求鱼”只是一个笑话，教育过程中的“缘木求鱼”后患无穷。教育，要到海里去找鱼。

香辣鹅带来的教育随想

「 1 」

几天前的早上，爱人给我布置了一道“作业”：“中午到颍都家园门口买些香辣鹅，听说那家香辣鹅卖得比较火，最好 11 点前去，迟了可能就买不到了。”

卖香辣鹅的设备比较简陋，所有的东西均放在一辆三轮车上，品种相对单一，除了香辣鹅，只有少量的鹅肝、鹅肠。

的确，买的人还真不少，围成了一圈。有几个细节引起了我的注意：虽然设备简陋，但那个卖鹅人始终注意卫生，戴着口罩，切鹅的时候坚持戴上透明手套，收钱的时候还不忘将透明手套脱下，对每个买鹅的人都客客气气……

「 2 」

又过了一周，爱人又说：“那天的香辣鹅很不错，你再去买点。”

当我再次来到那辆三轮车前的时候，那个卖鹅人问我买多少，我还未来得及回答，她又问：“那天你买了 14 块钱的，一顿吃完了吗？这次还是买微辣口味的吗？”

吃饭的时候，我和爱人一边品尝着香辣鹅，一边交流着卖鹅人的几个令人难忘的细节：已经过去了一周，她还记得我当时的购买金额，还记得我买的口味……

「 3 」

购买香辣鹅的经历，有几个细节值得反复回味。

卖鹅人真正做到了以顾客为本：始终注意卫生，再忙也不忘记在收钱的时候将透明手套脱下；始终以诚待人，对每个买鹅的人都客客气气；始终牢记客人的喜好，即使在一周之后，还能记得顾客的口味偏好。

这个案例让我对教育有了更深入的思考。

「4」

教育，需要顺应学生的“个性口味”。因学习基础、兴趣爱好、性格特征、价值认可、心智发展的不同，每个学生都有不同的个性，都有不同的教育需求。教师或者家长在教育教学过程中不可千篇一律，不可“一把钥匙开千把锁”，要给每个学生“私人定制”学习目标、内容、方式和手段，学生才可能得到应有的发展。

就像那位卖鹅人，她没有体面的门面，没有先进的设备，没有动人的广告，更没有营销团队，但她非常注重适应顾客的需求，牢记不同顾客的口味。教育就是服务，教师应该向厨师学习，学习他们始终以顾客为中心，始终尊重顾客的口味需求，把顾客的需求作为自己的工作追求。

「5」

教育，需要突出学生的“主体地位”。“以教师为主导，以学生为主体”不知道喊了多少年，突出学生的主体地位，就应该了解学生的所盼、所乐、所忧，盼其所盼，乐其所乐，忧其所忧，就应该“围绕学生转”，就应该让教育教学始终贴近学生的实际。

「6」

教育，需要留存学生的“瞬间记忆”。学生的发展是一个渐进的过程，学习的每个阶段都有不可替代的意义。可见，学生发展的每个阶段的资料都有保存的价值：它会让学生反思学习的得失，让教师反思教育的成败。更重要的是，资料的留存会给学生这样的感受——感觉自己得到了尊重，自己早已成为母校的一部分。

课程改革以来，形形色色的教育理念充斥着媒体，弥漫在校园。当我们追求“高大上”的办学理念的时候，可能更需要回归教育的本真，以学生为主体，真正把发展学生作为教育的中心任务。当我们憧憬明天的时候，别忘了我们是从哪儿出发的！

「7」

有一种爱，需要适应不同的“口味”，那就是教育。

莫以爱的名义

「 1 」

周日晚上，我陪着爱人一起观看了电影《老师·好》。

《老师·好》是一部校园青春题材的电影，故事开始于 1985 年：南宿一中高一（3）班新班主任苗宛秋的那辆上级奖励的自行车，常常因师生矛盾尖锐而被学生损坏，甚至被高高地挂在旗杆上。师生之间，开始了一场旷日持久的关于自行车的“保卫战”，故事由此展开。

这部由相声演员监制、主演的电影，自然少不了搞笑的镜头，但在一系列幽默情节的背后，却给观众带来诸多反思：作为老师或家长，如何去爱孩子？

「 2 」

在电影中，苗宛秋是爱学生的，可学生似乎并不领情，悄悄地给他起了个外号叫“苗霸天”。

“苗霸天”的霸道在于，对班级中看似异类的孩子，他一律要求整改，甚至还进行体罚；就连同学们想排练迪斯科舞蹈参加学校比赛的请求，也被他以高考复习时间紧张为由拒绝。

电影中的关婷婷同学热切地期盼成为班长，“孩子王”洛小乙也有当班长的念头，都被苗老师以这两名学生不符合“品学兼优”的标准而婉拒。

「 3 」

电影中的故事虽然发生在 20 世纪 80 年代中后期，但故事所呈现的案例在当下的生活中仍有体现。

少数班主任以“对学生好”为由，批评学生时毫不顾及学生的心理承受能力，经常对其进行挖苦、讽刺甚至辱骂，还常常拿陶行知先生的“你的教鞭下有瓦特，你的冷眼里有牛顿，你的讥笑中有爱迪生”这段话，去证明自己不当行为的“正确性”，其实，这是对陶先生这段话的误解。

少数老师也以“对学生好”为由，做学生未来发展的预言家，给学生的未来“判刑”。当然，也有这样的老师，以自己所谓的经验，给学生的生涯发展做指导。但他在指导时，没有真正去考量学生的兴趣、基础以及社会发展的真正所需。

少数家长同样也以“对孩子好”为出发点，在高二选科时，以自己的经验给孩子确定选学科目；在填高考志愿时，也以专业是否“热门”作为评判的标准。总之，这些家长早已为孩子铺好了未来的路，甚至连沿途的站点都预设好了。

「4」

《老师·好》中，全班同学不顾苗宛秋的反对，当着他的面集体逃离了教室，放弃了晚自习，去给关婷婷同学的比赛助威。直到此时，苗宛秋老师才醒悟，不再强行要求学生整齐划一，而是尊重学生的个性和选择。

比如，对于班上第一名的安静同学如何选择自己的升学志向，苗宛秋老师只是给了她建议：“你可以选择保送师范大学，这样的选择会比较轻松；你也可以选择高考，考上更理想的名校，但会存在风险。我尊重你自己的选择。”

老师关爱学生，家长关爱孩子，天经地义。但是，以爱的名义去干涉孩子的发展，不仅违背了教育规律，更损害了孩子的利益。

电影中的苗宛秋老师能最终醒悟，而在现实生活中，我们的教育者及家长有没有及时醒悟呢？

「5」

作为教育者，不要简单地以爱的名义去批评孩子。

孩子犯了错误，老师或者家长当然要批评。但教育过程中的批评，不是简单的呵斥，更不能上升为讽刺和挖苦。

正确批评的前提在于找到孩子错误的根源。在批评前，我们要深入了解孩子错误的源头：是孩子的思想认识出现了偏差，还是缺乏经验？是孩子的知识基础达不到要求，还是学习方法出了问题？是孩子自主的选择，还是受到了周边同学的影响？

正确批评的实施，在于能对孩子的错误对症下药。如果是孩子学习或生活经验不足，我们及时提醒他们下次注意即可；如果是孩子思想认识出现了偏差，则需要我们从思想认识的高度帮助其剖析原因，拨正航向；如果是孩子的学习方法存在问题，则需要我们帮他们探索符合实际的学习路径；如果是孩子受到周边同学的不良影响，则需要我们帮他们认识到交友要慎重，要正确处理好同学之间的交往。

在批评的过程中，防止不顾“病因”，不顾学情，简单地以爱的名义进行训斥。这样的批评，不仅起不到正面效应，还会成为孩子发展的绊脚石，激化师生间或家长与孩子间的矛盾，且让教育很快“失灵”。

「6」

作为教育者，也不要简单地以爱的名义去为孩子设计未来。

在现实生活中，一些家长往往因为自己年轻时的理想没有实现，就把自己的理想强加给孩子，希望通过孩子去实现自己的理想。

梁晓声先生在讲座《当下我们如何做父母》中说：“有一些父母，很像成就心切的教练，似乎在将儿女当成明天的体育明星苗子来苦心培养，又简直可以说像是拳击教练在训练拳手，巴不得儿女有朝一日横扫拳台，击倒一概的对手，终成一代拳王，于是获得金腰带，最好还能长久地独领风骚……”

就梁晓声先生所举的例子，我们会发现，一些家长“望子成龙”“望女成凤”心切，期待孩子有朝一日能获得“金腰带”。但这些家长恰恰没有意识到这样的问题：孩子喜不喜欢成为“拳王”？孩子具不具备成为“拳王”的基础？

有些路，注定要孩子自己走，我们不仅不能帮他们设计，更不能代替他们行走。

「 7 」

电影《老师·好》有这样一段开场白：

我坚信，青春不会消亡，它只是躲在某片绿荫下慢慢疗伤。我不是在最好的时光中遇见了你们，而是遇见了你们，才给了我这段最好的时光……

教育的过程中，良好的出发点并不意味着一定有良好的结果。当我们面对孩子的错误“横眉怒目”时，当我们面对放学的孩子准备了一些唠叨时，当我们面对孩子的未来争做“设计员”时……我们是否会想到，我们这样打着爱的旗号去教育孩子，其实已经远离了教育的本真？

一句“为你好”并不能代表教育的全部。在教育过程中，所有的爱都要慎重，更莫以爱的名义，做违背教育规律的事情。

只有当我们尊重规律、尊重孩子的时候，孩子才会真正从心底说一句：老师好！

背影，你别追

「 1 」

最近，我有幸拜读了《人民教育》2018 年第 7 期上苏州中学黄厚江老师的一篇论文——《把立德树人植根于具体的语文教学中》。黄老师在文中写道：

我一直觉得，很多初中老师教学《背影》这篇课文与小学老师教学《背影》没有什么差别，都只是抓住父亲买橘子这个片段理解父子之间的亲情。……似乎父亲很艰难地为“我”买橘子才可见父亲对“我”的爱。

我教学这篇课文时，不仅与学生们细细品读这个片段，还带着学生们抓住具体的语句读出父亲和“我”之间的距离……最后让学生们完成“父爱如山一样________”这样一个补写句子的活动。

当学生们写出“父爱如山一样厚重”“父爱如山一样沉重”“父爱如山一样内敛”“父爱如山一样坚硬”这样的理解之后，我对学生们说：“黄老师补写的句子是‘父爱如山一样坚硬而柔软’。因为世界上有一种爱叫父爱，它如山一样坚硬，也与所有爱一样柔软。……”

初读这段文字，似乎没有什么感觉，可是几天后，我送女儿到上海浦东国际机场时，才觉得黄老师的文字是如此精准。

「 2 」

我在异乡的初中上学时读过朱自清的散文《背影》，对其中的三处“泪点”至今记忆犹新。

泪点一：

他肥胖的身子向左微倾，显出努力的样子，这时我看见他的背影，我的泪很快地流下来了。我赶紧拭干了泪。怕他看见，也怕别人看见。

泪点二：

他走了几步，回过头看见我，说："进去吧，里边没人。"等他的背影混入来来往往的人里，再找不着了，我便进来坐下，我的眼泪又来了。

泪点三：

我北来后，他写了一信给我，信中说道："我身体平安，唯膀子疼痛厉害，举箸提笔，诸多不便，大约大去之期不远矣。"我读到此处，在晶莹的泪光中，又看见那肥胖的、青布棉袍黑布马褂的背影。

青春年少时，我远离故园，到邻省安徽求学，难免有思乡之苦，也时有饥饿的威胁，似乎和朱自清先生外出读书的经历一样，纵是如此，依然很难理解朱自清先生三处流泪所蕴含的情感，只是按照语文老师的要求机械地背诵。当读到黄老师的文字以及经历了在机场和女儿的离别，我才更多地理解了朱自清，理解了黄老师所说的"父爱如山一样坚硬而柔软"。

「3」

5 月 29 日上午，我们父女二人匆匆赶到南京市政务服务中心，先后在两个窗口办理了手续，每个窗口都需要取号、填表和等待，我蓦然发现，在每个环节，女儿都做得比较快速。

看着女儿忙碌的背影，我眼前浮现出她小时候的样子：那个曾经在大人怀中呢喃自语的小姑娘，那个在操场上蹒跚学步的小孩子，那个躲在老家的瓦房后面期盼爸爸妈妈早一点出现的小朋友，那个习惯于在爸爸出差归来时翻包寻找零食的小学生……如今已经长大，读完了本科，读完了硕士，成为我们家历史上第一位研究生。

手续办得很顺利，半个小时后，我们又匆匆赶往上海。

「4」

在车上，她很少说话，也许，即将远行的她，会有淡淡的忧伤；也许，她正在心中憧憬着在瑞士苏黎世的美好明天。

到了上海浦东国际机场，我把行李箱拿下车，让随行的朋友给我们父女俩留个影。我们一共拍了两张照片，第一张她的眼睛没有睁开，第二张我的眼睛没有睁开。当我把照片发到“俺们家”交流群时，老婆很快发现了两张照片的缺憾，我回复说：“不完美，才是生活的真相啊。”

「 5 」

进了机场，办完了托运手续，走到了安检口，我对女儿说：“我再给你拍一张照片留念，这毕竟是国际机场。”

然后，女儿对我说：“你回去吧，我进安检了。”

安检的地方有一个弧形的拐弯处，我跟着她进入安检通道，走了几步，很快，她就消失在人群中。在那个瞬间，我多么希望她能回头望一眼，哪怕是一秒钟的回眸。可是她没有，留给我的，只有越来越远的背影。

「 6 」

昨天，我应邀到河南省商丘市一所中学做关于班主任工作的讲座，在做讲座的过程中，我播放了自己制作的励志短片，背景音乐是《风雨无阻》。

这首背景音乐很快引起了共鸣，在现场我听到了抽泣的声音。

是啊，对于独生子女的父母而言，孩子都是“今生唯一的赌注”，他们对孩子也都是“无怨无悔全心地付出”。

对远在瑞士苏黎世的女儿，我同样也想说：“怕你忧伤怕你哭，怕你孤单怕你糊涂……”

「 7 」

每个孩子的成长，都是一条单行线，都是不可逆的发展。在这过程中，作为老师，作为父母，我们要深刻认识到：既然是单行线，既然不可逆，那孩子每个阶段的发展都有不可替代的意义，我们所能做的，就是时刻关注其航向，助力其发展。

物各有性，每个孩子的成长，都像一只只小船，注定要驶向大河、大江、大海。我们要秉持“儿童的立场”，尊重孩子的个性，因为他们都是“不一样的小船”；

我们要尊重孩子的选择，因为他们都是“不一样的船长”；我们要尊重孩子的发展，因为他们都会在激流中对父母说——“你别追！”

「8」

小时候，我品读朱自清先生的《背影》；人至中年，我又品读女儿不断远行的背影。我对于父母，是一直在渐行渐远；女儿对于我，也是在渐行渐远。人生的过程，离别似乎是永恒的主题，而这离别的背后，更多的是成长、顺应和无奈。

今天是父亲节，我对于父母，女儿对于我，留下的都是越来越模糊的背影，都是——“背影，你别追！”

信赖，开始于生命的第一页

「 1 」

近日我接待了一位家长，她向我诉说了教育儿子时的种种无奈：

当你对他充满希望时，他总是给你带来失望；当你教导他要遵守班规时，他总是在盲目冲动中制造种种恶作剧；当你引导他犯错误要勇于承认时，他总是找很多理由去搪塞和辩解；当你让他慎重交友时，他所交的那些朋友却让你担心不已……

在诉说了这种种“不幸”之后，她叹了一口气说：“我都有点想放弃了，实在没有办法。”看了看她无助的样子，我说：“让我见一见您的儿子吧。”

「 2 」

周六的下午，我见到了这个男孩，初步印象是率性、阳光，不像是个会经常制造恶作剧的孩子。和他的谈话，从他喜欢的篮球开始。

他告诉我，他是球队的组织后卫。我问他：“以你的经验看，组织后卫应当承担怎样的角色？”他说：“主要是分配球权，让篮球能顺利从后场到前场。”

到底是他感兴趣的话题，他和我一起探讨了组织后卫更多的职能：他是进攻的组织者，要有大局观念；他也是进攻的观察者，需要伺机而动；他还是反攻的防守者，篮球场上瞬息万变，随时都要担当起防守的责任……

我进一步跟他说：“你不仅仅是篮球场上的组织后卫，也应该是生活中的‘组织后卫’，应该时时有大局意识，恶作剧和组织后卫的身份不符；应该学会观察，而不是盲目地去行动；应该拥有担当精神，对自己所犯的错误要敢于承认。”

他似乎有点明白了我的用意，若有所思地点了点头。

「3」

接着，我们又从他未来理想的职业开始谈起。

他说，他的理想是成为一名警察，这样能去保护民众的利益。他还说，他理想的大学是江苏警官学院。

我对他说："你的理想是成为一名警察，说明你的骨子里有一种正义感。正义感的表现是多种多样的：上课遵守纪律，这是一种正义；尊重老师的劳动，同样也是一种正义；发现同学受欺负，敢于去据理力争，这也是正义的表现。但是，如果你听说某个同学被欺负了，组织几个哥们儿去报复，这不仅仅不是'组织后卫'之所为，更与你成为人民警察的理想相悖。"

他说："老师，您说得对。"

我又乘机对他说："据我了解，你目前成绩很好，考上江苏警官学院应该问题不大，我建议你把理想学校的目标调高一些，比如中国人民公安大学。"

他问为什么，我说，《孙子兵法》写道："求其上，得其中；求其中，得其下；求其下，必败。"他说："我明白了。"

「4」

后来，我们又谈起了喜欢的哲学，他说他喜欢儒家，喜欢美学。

我说："既然你喜欢儒家，那你一定知道《论语》中孔子关于交友的那几句名言——孔子曰：'益者三友，损者三友。友直，友谅，友多闻，益矣。友便辟，友善柔，友便佞，损矣。'孔子其实在告诉我们，要和直率的人交朋友，要和诚信的人交朋友，要和见闻广博的人交朋友，不知道你所交的朋友是否符合上述标准？"

他说："我知道了。"

在离别的时候，我和他约定："既然你喜欢美学，我们下次交流的话题就从朱良志的《中国美学十五讲》开始。"他说："好的。"

「 5 」

看着孩子远去的背影，我在想：对于这个孩子的判断，为什么我和家长存在巨大的差异？

也许是观察的视角不同，也许是情感的基础有异，也许是教育的切口不一，也许是教育的期待存在差异。我不知道这孩子将来会不会改掉他身上的一些毛病，但我知道，他一定会朝正确的方向前行。

关于他的教育案例，同样给了我们诸多启发。

「 6 」

教育需要找准“切口”。在外科手术中，切口至关重要。教育也是这样，找到了“切口”，就找到了问题所在，就找到了教育的出发点和归宿。对于不同孩子的教育，他的兴趣，他的特长，往往就是教育的“切口”，就是教育的“共振点”，同样也是教育的突破点。

教育需要“自主教育”。在这个教育案例中，我没有一开始就灌输大道理，而是引导他分析“小道理”：在你的眼中，组织后卫应该承担怎样的角色？……在他分析的基础上，我们再进一步深度剖析。自主教育是教育的最高境界，孩子能自己悟出的道理，远比你灌输的效果要好得多。否则，即使你天天唠唠叨叨，教育的甘霖依然无法滋润孩子的心田。

教育需要“充分信赖”。“万丈高楼平地起”，充分信赖是交流的基础。没有这个基础，再好的教育也是空中楼阁。无论是父母，还是老师，教育成功的前提，就是充分信赖孩子，相信他会变好，相信他能成长，相信他“历尽千帆，归来仍是少年”。

「 7 」

再次夜读刘再复的《童心百说》，其中第 50 篇给了我新的震撼，我想把其中一段话送给这位家长：

罗曼·罗兰笔下的约翰·克利斯朵夫，刚诞生时他的母亲就对他说了一句话：

“你多么丑，我又多么爱你。”不管孩子有多少缺陷，对孩子的信赖不可改变：开始于生命的第一页，而无最后一页。

最打动我的，就是结尾的这句话：“对孩子的信赖不可改变：开始于生命的第一页，而无最后一页。”

不妨让孩子常照照“镜子”

「 1 」

《伊索寓言》中有一则故事——《哥哥和妹妹》：

父亲有一双儿女，儿子很美，女儿却相貌平平。有一天，兄妹俩偶然在镜子里都看见了自己的面目。

哥哥自夸他的美貌，妹妹十分生气，似乎觉得哥哥的自夸是在嘲笑自己。她跪倒在父亲跟前，抱怨说哥哥是男孩子，却要了应属于女孩子的美貌。

父亲连忙抱住兄妹俩，亲吻他们，并说：“我愿你们俩每天都去照照镜子。我的儿子，你不可让恶行来污损你的美貌；我的女儿，你可以用你的美德来弥补美貌的不足。”

《哥哥和妹妹》的故事给我们的教育带来诸多启发，让我们从寓言中感受到教育的本真。

「 2 」

教育，需要用“不同的钥匙”去开“不同的锁”。

在这则寓言中，父亲没有去责备两个孩子，只是让他们每天都照镜子，且对不同的孩子提出了不同的要求：对儿子，要求他“不可让恶行来污损你的美貌”；对女儿，要求她“可以用你的美德来弥补美貌的不足”。

在教育过程中，每个孩子都是“不同的锁”。教育能否起到作用，关键在于教育者有没有掌握“不同的钥匙”。有了这些“钥匙”，你就可以打开不同的“锁”。否则，即使你有再高深的理论知识，有再丰富的实践经验，你所实施的教育，往往也只是“无功而返”。

教育的本质就是“心育”，打开有形的锁不易，打开“心锁”更难。可见，配备一把“心钥匙”是何等重要。

世界上几乎没有两片完全相同的树叶，世界上也没有两个完全相同的孩子，这就意味着对不同孩子的“心锁”，就应该选择不同的“钥匙”，这样，你才可能打开一扇扇的门，真正走进孩子的心田。

溯源历史，这其实就是在践行孔子两千多年前所倡导的“因材施教”的教育思想。

「3」

教育，需要引导孩子经常去“照镜子”。

在这里，“镜子”可以看成是一种隐喻，可以是理想、追求……假如这个隐喻成立的话，“照镜子”也不失为一种比较好的教育方式。

寓言中，父亲让儿子照镜子，就是在告诉儿子：你的确很帅，但是距离真正的品貌兼优还有一定的距离，所以你需要反思自己的行为，用善行去修炼，这样你才会成为一个品貌兼优的孩子，拥有真正的美。

父亲让女儿照镜子，就是在告诉女儿：你的长相的确很平凡，但你完全可以通过培养美德去修炼自己，来弥补长相上的不足，这样你同样可以拥有真正的美。

父亲的一番话，借鉴意义在于我们不仅要帮助孩子树立远大的理想，更要帮助孩子时时以理想作为路标。

理想很丰满，现实很骨感。追求理想的路上，孩子需要常常去“照镜子”，“照镜子”就是在寻找自己与目标的距离，知不足而后有为，从而逐渐靠近理想的彼岸。

孩子“照镜子”，是在找不足，找距离，找奋斗的路径，更是在寻找自己的初心。有的孩子理想是“扫天下”，可又不愿意去“扫一屋”，对于这样的孩子，我们更应该经常提醒他去“照镜了”。

照镜子，红红脸，出出汗，未必不是一件好事。

「4」

在这则寓言中，父亲没有简单地表扬或批评两个孩子，而是提醒他们去照镜子，等于在委婉地告诉孩子：你们都有不足，都要注意修炼自己的言行；你们都要自信，都有自己的特长。

文学家弥尔顿是盲人，却以诗作《失乐园》震惊整个世界；音乐家贝多芬失聪之后，却以《英雄交响曲》树立了一座音乐的丰碑；天才小提琴演奏家帕格尼尼因生病完全失声，却“在琴弦上展现了火一样的灵魂”（歌德语）。

世界上没有完美的孩子。无论是家长，还是老师，都应该告诉孩子——我们每个人都有不足，也应该像寓言中那位父亲一样，引导孩子认识不足，认识前进的方向。

有时候，不足是一道坎；更多的时候，不足恰是一种财富：它会引导你认清自己，它更会引导你找到前进的方向，就像一盏灯那样。

「 5 」

在即将结束本文时，我突然想到美国首席大法官小约翰·罗伯茨，他在 2017 年 7 月送给儿子所在学校毕业生一段祝福语，其中的一句话深深地打动了我：“你的成功并非天经地义，而他人的失败也不是命中注定。”

就像前述寓言中的父亲，他告诫两个孩子：美貌不是天经地义的，命运也不是早已注定的，没有美德的修炼，一切可能都是水上的浮萍。

我们要告诉孩子：你要常常“照镜子”，“镜子”不仅会告诉你美与丑，还会告诉你——你的成功并非天经地义，而他人的失败也不是命中注定。

听雨，为啥一定要在深夜

「 1 」

一位作家在描写听雨的感受时说：

听雨要在深夜。要听远处的雨声，近处的雨声。山里的泉鸣，屋前的水流。要分别落在卷心菜上的雨，滴在沙土上的雨，敲在纸窗上的雨，打在芭蕉上的雨。

我一直在想：这位作家为什么非要强调“听雨要在深夜”？

也许是因为夜的静，让雨声更加清晰，让人更能听清雨声的高高低低，更易听出雨声的平平仄仄。

也许是因为夜的黑，让听雨更加有韵味。雨声既衬托出夜的静，夜的黑又反衬出雨的悠远与诗意。

也许是因为夜的长，让听雨的人更加有耐性，能用更长一点的时间，去感受雨的魅力与情怀。

「 2 」

今天之所以要谈“听雨要在深夜”这个话题，是因为我最近和一名高中生交流后有一番思考。

这个学生发信息告诉我，他对家长和老师反复强调的“要趁着年轻好好读书”的观点不太认同。

在他看来，一个人的读书是终生的，什么时间都可以。

他还说，“强调青少年一定要好好读书，其实比较功利”，而“功利化的教育，培养的必然是功利化的人”。

「 3 」

从表面上看，这个学生的逻辑似乎没有问题。

的确，读书是一辈子的事，不一定要全部集中在青少年时期；的确，过分强调读书必须在青少年时期，是有一定的功利化倾向；的确，功利化的教育，也必然会培养出功利化的人。

但如果我们深入地思考他的逻辑，就会发现问题：他其实混淆了“集中”与“分散”：青少年时期的“学习”，与“终身学习”中的“学习”不是同一个概念。

“终身学习”中的“学习”，主要指学习的态度、学习的习惯和学习的坚持；而青少年时期的“学习”，则主要指整体性、系统性、深入性地学习。

「 4 」

读书要趁年轻，其道理是显而易见的：

之所以强调“读书要趁年轻”，是因为与其他人生阶段相比，读书向学主要是青少年的理想，且这一理想意义重大，梁启超先生不是说“少年智则国智”吗？

之所以强调“读书要趁年轻”，是因为青少年是人生之春，是人生之始，是吸收知识最容易的时期。

之所以强调“读书要趁年轻”，是因为知识的学习很艰难，它需要更多精力的投入，更长时期的坚持。

「 5 」

再回到这个学生的逻辑，也许他的问题根源在家长和老师，他们没有把青少年发愤读书的意义说清楚，而只是简单地强调“读书要趁年轻”。

也许问题出在学生身上，他简单地用“终身学习”和“功利化”来看待青少年读书，其观察事物的视角是偏颇的。

教育就是这样，即便你出于善意，如果没有正确的路径，或者道理阐述得不够深入，你的教育效果就会打折。

有时候，灌输式的教育不仅难以说服学生，甚至会在学生的心田里种下逆反的种子，而当我们重新去教育他时，往往“回炉的烧饼不脆”，更难以达到预期的教育效果。

「 6 」

熊培云先生在《慈悲与玫瑰》一书的序言中说：“这世界最不易被征服的，是内心有美的追求的人。”

在引导孩子读书的问题上，我们需要和孩子坐“同一条板凳”，操“同一种方言”，唱“同一首歌”，才能真正走进他们的心灵，才能实现和他们思想上的共振，让他们成为“内心有美的追求的人”。

没有共振，就难有“有效的教育”，更难以培养出“内心有美的追求的人”。

「 7 」

播种，需要顺应季节的轮回；教育，需要顺应孩子的天性。

农人最明白，他们不会在夏天种小麦，也不会在冬天种花生……因为他们知道：违背了播种的季节性，其实就是在和自然规律作对。

《孟子·梁惠王上》中说：“不违农时，谷不可胜食也。”意思是说，不耽误农业生产的季节，粮食就吃不完。

农业上的“违农时”，其损失只不过一个季节而已；而教育上的“违农时”，其损失往往却是孩子的一辈子，因为，教育是一个不可逆的过程。

可见，教育需要“不违农时”。诗酒趁年华，听雨要在深夜，读书要趁年轻。

橘生淮南，那栀子花呢

「 1 」

我在小区漫步，一缕清香飘来，路边的栀子花开了。正好有一名花匠在，我顺便和他聊起了栀子花。

我就问他，我在老家养了好多次栀子花，无一不是以失败告终，到底是因为什么？

他说，栀子花比较难养，原因有很多。一般情况是，栀子花大多是从南方购进的，南方的水偏酸性，而北方的水偏碱性，水质的差异，导致栀子花从南方移到北方后很难养。除此之外，栀子花喜欢自然的环境，如果长期在阳台上养，不通风，也会很快死掉。

花匠的话，让我想到教育就像养栀子花，同样面临很多困难。养栀子花的经历，会给我们很多启迪。

「 2 」

其一，不一样的环境，不一样的教育。

环境之于教育，环境之于孩子，虽然不能起到决定性的作用，但也起到了很重要的作用。

人们都对“孟母三迁”的故事耳熟能详，可天下有多少父母或老师能从“孟母三迁”的故事中得到启迪呢？

明代钟化民曾称赞说：“子之圣即母之圣。”这句话说明了“母之圣”与“子之圣”之间的关系，即母亲优秀，孩子才能优秀。“母之圣”不仅指母亲有较高的素养，也指她能明教育之道，善于教育孩子。

《晏子春秋》记录了这样一段对话：“婴闻之，橘生淮南则为橘，生于淮北则为枳，叶徒相似，其实味不同。所以然者何？水土异也。”晏婴的这段话，其实在说明：环境变了，事物的性质也就变了。

无论是“孟母三迁”，还是“橘生淮南”，这两个成语，其实都在说明环境对于孩子教育的重要性。

可就在我们身边，却出现这些怪现象：父母经常吵架，却希望孩子能温文尔雅；父母整日出入麻将场、棋牌室，却期盼孩子学习时用心专一；父母整日热衷于舞场、酒场，却期待孩子能安心学习；父母的行为不端，却期望孩子能品德高尚……

「3」

其二，不一样的特性，不一样的教育。

同样一盆栀子花，在南方可以枝繁叶茂，在北方却很快枯萎，主要是因为栀子花只适应南方的酸性水质。

教育也是这样，不同的孩子有不同的特性。有的孩子适合学音乐，家长却偏偏让他学舞蹈；有的孩子理工科很强，家长却偏偏让他学文科；有的孩子有文学天赋，家长却偏偏让他学理工科。

我们一窝蜂地让孩子参加各类特长班的时候，首先要问自己：孩子到底有没有这个特长？顺性而育，就是顺应孩子的特征，挖掘他们的特长，彰显其特长，放大其特长。教育的本质就是“长其所长”，让他们成为真正的自己。

「4」

其三，不一样的调适，不一样的教育。

如果过度强调孩子的特性，也会让教育失去了应有之义。

教育更多的功用在于调适，在于能摸清孩子的特性，顺应孩子的特性，并且在教育教学过程中，让孩子的短处逐渐变长，让孩子的长处变得更长。

就像养育栀子花，当我们购置了来自南方的栀子花，虽然南北水质有异，但只要我们在给栀子花浇水的时候，能够放一点硫酸亚铁，就会让土壤逐渐酸性化，栀子花自然就会安然无恙。

教育也是这样，尤其在基础教育阶段，学生不可能每门课都擅长，这就需要我们教育者不断地调适，让他们学有所乐，学有所获，学以致用。调适的过程，就是让孩子不断适应学习环境的过程。

「5」

养花人是园丁，教育者也是园丁。在教育过程中，我们要尽量规避“南橘北枳”现象的发生，静待花开。

栀子花开，每一朵都有她的娇媚，每一朵都有她的芬芳，每一朵都有她的素雅，每一朵都有她的婉约……在物欲横流的世界，难得有这一份纯真！

教育，就是要让孩子能像栀子花一样，多一份书卷气，多一份纯真气，多一份温文尔雅。

敬畏童心

「 1 」

毕加索说：“每个孩子都是艺术家，问题在于你长大成人之后，如何能够继续保持艺术家的灵性。”

毕加索是享誉世界的画家，是最具影响力的现代主义美术大师之一，他的那幅油画《格尔尼卡》，通过一系列变形的图案组合，控诉了德军轰炸格尔尼卡城市的罪行。

可世间能有几个人真正理解这幅画，在这幅画中，有摔倒的人，有痛苦的牛头，有声嘶力竭的马，还有那无数变形的图案……

但毕加索说的“每个孩子都是艺术家”这句话，倒是令人回味。

「 2 」

这不，前不久“朋友圈”流传的一篇小学生作文《爷爷》，虽然只有 26 个字，读来却让人潸然泪下，尤其是那句“这个世界的风雨，都绕过我，向他一个人倾斜”。

最感人的莫过于“绕过我”三个字，一个“绕”字，看似是风雨的主动行为，其实是爷爷的倾心承担，就像一把温馨的伞，为“我”遮风挡雨。

读了这三句话，你说这个孩子是不是“艺术家”？这个孩子的文字为什么具有艺术性？这源自他真实的情感表达。真、善、美，恰恰是艺术性的底子。

「 3 」

这让我想起了《皇帝的新装》中的那个小男孩。

众人都在夸赞皇帝的新装是如何的漂亮，“站在街上和窗子里的人都说：‘乖乖！皇上的新装真是漂亮！他上衣下面的后裙是多么美丽！这件衣服真合他的身材！’”

童话不仅仅描述了人们的语言，还有更经典的细节描写：“那些托后裙的内臣都把手在地上东摸西摸，好像他们正在拾起衣裙似的。”

但唯有这个小男孩，在别人赞美皇帝的新装是如何漂亮的时候，平平淡淡地说了一句：“可是他什么衣服也没有穿呀！”

“可是他什么衣服也没有穿呀！”这句话，是这则童话的点睛之笔、神来之笔，这个孩子也是一个“艺术家”。之所以说他是个艺术家，是因为他骨子里的“真”。

可问题在于，为什么在孩子长大之后，大多数的孩子无法留存“艺术家的灵性”了呢？实际上，是孩子后天成长的环境出了问题。

「4」

如果孩子生活在一个父母天天吵架，或者父母三观不正的家庭里，我们又怎么去奢望孩子继续保持他原本的“真、善、美”呢？可见，孩子生长在什么样的家庭，真的很重要。

如果在孩子的成长过程中，他的“朋友圈”里都是不讲诚信的人，那我们也很难想象他一定会讲诚信。可见，孩子交什么样的朋友，真的很重要。

如果在孩子受教育过程中，上级主管部门一来学校检查工作，老师就让他们背诵准备好的“台词”，这些孩子又如何再拥有既有的“灵性”呢？可见，孩子接受什么样的教育，真的很重要。

「5」

除此之外，还有孩子的生活环境，如果电视剧整天都充斥着暴力，如果电影宣扬投机取巧，如果孩子目之所及的都是手机上的人间万象，如果……那我们又有什么理由，去期望孩子保留一份童真呢？

有些事情我们是难以改变的，比如——父母再不好，孩子也无法重新选择自己的父母；一些影视剧价值观有问题，我们也无法把电影、电视屏幕遮住；任何场合都有很多人玩手机，我们也无权让他们把手机收起来。

「6」

但是，作为教育人，我们可以改变的是自己的教育。这让我想起了斯霞倡导的“童心母爱”，如果我们都能在教育过程中，始终保持一份童心，保持一份母爱，孩子自然就有灵性，自然就会萌生很多的艺术性。

明朝大儒王阳明，曾提出“致良知”的主张。在他看来，每个人的天性都是善良的，但都被后天的欲望覆盖了，所以他主张要加强人的道德修养，恢复良知的本性。

这让我想到孩子，他们的本性是善良的，但后天的环境让其远离了本真，很难再回到从前，回到童年。

「7」

我常常想起电影《末代皇帝》。溥仪在生命即将逝去之时，终于有机会再次回到皇宫，可他没有去欣赏故宫的辉煌，而是缓慢地走到龙椅前，去寻找他童年曾藏匿的蟋蟀罐子，看看那罐子还在不在……

这个情节一直在我的心头萦绕，蟋蟀罐子其实就是一种关于童真的隐喻：虽然回不到过去了，但关于童年，关于童心，依然是每个人一生中最美好的瞬间。

教育，当敬畏童心。

敬畏童心，就需要我们时刻站在儿童立场，去维护属于他们、属于世界的童心。

假如你的孩子是一棵榕树

「 1 」

我读中学的时候，曾被很多思念故土的文章打动过，黄河浪先生的《故乡的榕树》就是其中一篇，我特别喜欢文中的一段话：

那天特别高兴，动了未泯的童心，我从榕树枝上摘下一片绿叶，卷制成一支小小的哨笛，放在口边，吹出单调而淳朴的哨音。……心却像一只小鸟，从哨音里展翅飞出去，飞过迷蒙的烟水、苍茫的群山，停落在故乡熟悉的大榕树上。

老实说，我未曾见过真正的榕树，倒是在泗洪中学的盆景园里见过一株榕树盆景，郁郁葱葱，根连着枝，枝连着根。我常常把它想象成南方的榕树，想象那“独木成林”的意境。

但想象归想象，永远代替不了现实，所以我心中一直渴望着有一天去一睹榕树的芳容。

「 2 」

这不，下午在刷“朋友圈”的时候，我看到 2006 届学生潘同学发在“朋友圈”的两张图片，她还配了文字说明：

以前去三亚或厦门，是新视野的惊喜和惊奇。现在带着女儿看大海，看榕树，看南方的天空，让我觉得一切都比以前丰盈，女儿说榕树的根是树枝儿，又像头发……

我想象中的榕树是何等的茂盛，是何等的壮观。可这两张图片中的榕树，实在和想象中的差距太大，不仅如此，还平添了一丝伤感。于是，我就在她这两张图片下面评论了几句：“看到这两张图片，才知道大城市路边不宜栽植榕树，因为水泥地面让‘独木成林’的榕树梦碎城市。”

「3」

潘同学发在“朋友圈”的文字，让我想到了教育：为什么同样起点的学生、同样的课时，经过短短一个学期甚至一个月，不同班级学生的成绩就会有很大的差异？为什么学生有几乎同样的学习基础，在不同的家庭就会有不同的发展结果？

通过这两张图片，也许你会有一定的答案。

「4」

我知道，榕树是福建省的省树，也是福州、赣州的市树——既然是省、市的代表树种，作为行道树就很自然。

榕树作为行道树，其树叶常年浓郁，树冠常绿，树冠面积很大。孟加拉国的一株榕树树冠投影面积竟达 1 万平方米之多，可容纳上千人在树下躲避骄阳。

「5」

但如果深入思考，将榕树作为行道树，又是多么不合适，因为榕树的最大特点是“独木成林”：它的枝丫可以伸出“胡须”，“胡须”落到地上就可以生根，根多了，树冠自然就越来越大。

可惜，城市的路面多为水泥或沥青，所以就像潘同学的图片那样，“胡须”永远是“胡须”，“胡须”变不成根，树冠也就难以扩大。

再回到上面那个问题，为什么学习基础相同的孩子，在不同的班级或家庭，会有不同的发展结果？

究其原因，也是在“精准教学”上出了问题。

「6」

以学校的教学而言，如果你的教学没有“以学定教”，仍是对不同的学生采取同样的教学方式、同样的试题训练、同样的课后辅导，其实质就是对不同的“病人”开相同的“药方”，不仅不能做到“药到病除”，还可能产生很多的副作用。

我们倡导的“精准教学”，就是在课前精准摸清学情，课中精准施教，课后精准辅导。如果我们在课前、课中、课后都做到了“精准”，学生的成绩想不提升都很难。

教学如此，教育也是这样。我曾经到过许多学校做关于班主任工作的讲座，听众热情澎湃。散场的时候，很多年轻的教师纷纷来拷贝课件，嘴里还不断地说：“周老师说得太好了，我回去也这样做。”

看到他们专注的神情，我一边很高兴，一边也多少有点怅然。因为，教育的对象千差万别，我们的举措应该是“一人一策”。拷贝课件，然后简单地模仿又有多大意义呢？

「 7 」

再把目光投向家庭教育。一些家长看到别人家的孩子考上了名校，心中就有了让自己孩子也考上名校的愿景，于是，就将孩子送到各种各样的辅导班，参加各类比赛。

这份热情值得鼓励，但我们得思考两个问题：一是你的孩子真的喜欢这些辅导课程吗？二是这些辅导课程真的能帮助他提升吗？让孩子去上他并不喜欢的辅导班，和将榕树作为行道树有什么区别？

城市里有着宽宽的马路、璀璨的夜景、怡人的风光和便捷的交通，但假如你的孩子是一棵榕树，他真的会喜欢这车水马龙的环境吗？

看来，无论是学校教育，还是家庭教育，都存在“不精准”的问题。教育之痛，往往痛在“不精准”上。

「 8 」

如果我们在没有精准“诊断”的基础上实施教育教学，那对孩子的影响就是一辈子。教育的本质是“顺性而为”，适合的才是最好的。

想想那作为行道树的榕树，想想它在空中飘逸的“胡须”，无论你是老师，还是家长，我们都要轻轻地问自己：假如你的孩子是一棵榕树呢？

收起成人的“面子”

「 1 」

几年前，我从苏北漂泊到苏南，从原来的县中（县域普通高中的简称）到一所生源很弱的高中工作。在担任校长的 10 个月期间，全校 1 500 多名学生，只有一名学生的家长曾给我打过电话，诉说食堂的饭菜问题。

而在我原来工作的县中，几乎每天我都会和家长交流，或电话，或面对面。他们或关心孩子的学习问题，或关心孩子的心理问题，或关注综合素质评价问题，或对班级教师的配备提出意见。

「 2 」

而当时的县中家长也对学校工作非常配合，各年级专门设立了家长值班室，每天都有家长在学校值班，查早读、查课堂、查大课间，家长介入学校管理比较全面。

家长参与学校管理的益处有很多：一方面，家长会更加理解教师工作的辛苦，理解学校管理的困难，理解孩子读书求学的不易；另一方面，“第三方管理”相对更加公正，有利于促进学校和年级管理。

2020 年 9 月，我又到了一所新学校工作。相对于前一所学校，这所学校的生源明显高了一个档次，但有着同样的问题：没有一位家长和我沟通过孩子的学习问题。

我就非常好奇：难道这边的家长都不关心自己孩子的教育吗?

「 3 」

要说他们不关心孩子的教育，多少有点冤枉他们，毕竟，每天晚上全校有二三十名学生请假不参加晚自习，原因几乎都是同一个：到校外补课。

说实话，我不太赞成孩子参加学校之外的任何补课，理由有四：其一，校外补课机构和人员的趋利性，在一定程度上背离了教育的初衷；其二，校外补课机构和人员不会像教师那样了解孩子的学情，其所谓的补课也很难产生良好的效果；其三，参与校外补课，加重了学生的学业负担，同时也减弱了孩子的学习兴趣；其四，校外机构对参加补课孩子的管理往往不到位，有一定的安全隐患。

「4」

为什么那么多的家长热衷于校外补课呢？我的同事李刚老师在网络上发了一篇文章，在文章中，他说：“你不是关心孩子的成绩，也不是关心孩子的未来，你是想以‘补课’这个行动来弥补自己作为家长这个角色的不作为，来推卸责任。”

一语中的，点到了一些家长热衷将孩子送到校外补课的部分原因。

「5」

在我看来，家长热衷于校外补课，原因大概有几类：一是为了自己的面子，别人的孩子都补课了，自己的孩子怎么能不补呢？二是为了自己的心安，花钱去补课，弥补自己教育和管理的缺位。三是为了自己的理想，把自己当年没有实现的理想强加给孩子，试图通过补课让孩子实现自己当年没有实现的理想。

「6」

当然，万事都不可绝对化，如果有以下几种情况之一的，家长可以考虑引导孩子适当参与校外的补课：

其一，补其所“愿”。如果孩子觉得自己哪门课需要补课，主动向家长或学校提出补课要求，在这种情况下，家长应该遂其所愿，送孩子去补课。相信孩子也会非常珍惜补课机会，提升自我。出自孩子内心的补课，才有产生效果的可能。

其二，补其所“长”。扬其所长很重要，对于学有余力、学有特长的孩子而言，家长可以找一些高端培训机构，让孩子的特长更具有竞争力，当然这也需要建立在孩子自愿的基础上。

其三，补其所“趣”。如果孩子对哪门学科或者哪个领域有兴趣，家长可以通过校外辅导机构的培训来进一步激发他学习的兴趣。可现实生活中，更多的情况是，孩子“被喜欢”音乐、“被喜欢”舞蹈、“被喜欢”绘画，这样的培训或补课同样很难产生良好的效果。

「7」

无论哪一种形态的补课，都不可以从家长的面子出发，因为大凡出发点有问题的旅程，都难以到达理想的彼岸。

教育者当有儿童的立场。每个孩子身上都有一个太阳，正如俄国诗人沃罗申在一首诗歌中写的那样：“在平庸的灰暗的人群中间，孩子是未被承认的天才。”

「8」

教育，就是一段不可逆的旅程，作为教育者的老师或家长，应该更多地站在孩子的视角思考问题：痛其所痛，乐其所乐，“趣”其所“趣”。

本真的教育，要真正从“心”开始，将成人所谓的面子藏起来。

向儿童学习

「 1 」

再次拜读王开岭先生的《精神明亮的人》，我依旧被封面那句话震撼着：“让灵魂从婴儿做起，像童年那样，咬着铅笔，对世界报以纯真，好奇和汹涌的爱意……”

号召向儿童学习的作家不止王开岭一个，丹麦著名作家安徒生通过《皇帝的新装》告诉我们：儿童的眸子是最清澈的，他们最能清晰地看到问题的本质，并敢于表达出来——“可是他什么衣服也没有穿啊！”

「 2 」

我们教育者之所以要向儿童学习，是因为事业的进步需要一颗“童心”：有了“童心”，你才能拂去世俗的灰尘，专心致志于自己的业务；有了“童心”，你才能在教育过程中少一些功利，多一些放眼长远的努力；有了“童心”，你才能真正蹲下身子看孩子，把每个孩子都当作心肝宝贝；有了“童心”，你才会有真正的“母爱”—— 一种不求回报的教育情怀。

德国作家凯斯特纳在一次开学致辞中对家长和孩子们说：“现在想回家了吧，亲爱的小朋友？那就回家去吧！假如你们还有一些东西不明白，请问问你们的父母。亲爱的家长们，如果你们有什么不明白的，请问问你们的孩子。”

「 3 」

“如果你们有什么不明白的，请问问你们的孩子。”这句话的确让人震撼，王开岭评价凯斯特纳这句话时说——“多么意外的忠告，多么精彩的逆行啊！”

这样的忠告，的确让家长感到意外，更是“精彩的逆行”。那么，我们应该向孩子学习什么呢？

「 4 」

始终“对世界报以纯真”，这是我们向儿童学习的第一个方面。在我们的教育过程中，会和同事、家长和社会方方面面的人打交道，会面对形形色色复杂的问题。正确的处理方式是，用简单应对复杂。物理学上，力的作用总是相互的，当你用纯真的心面对孩子、面对家长、面对同事，你获得的也将是纯真的心，你会减少许多不必要的烦恼。

始终“对世界报以好奇”，这是我们向儿童学习的第二个方面。好奇心，成就了一代代伟大的科学家。我们从事教育事业，同样需要好奇心。有了好奇心，我们才能更深入地走进教材、研究教材，成为教材的主人；有了好奇心，我们才能更深入地走近孩子、研究孩子，成为教育的主人；有了好奇心，我们才能更深入地研究教育规律，找到孩子的“最近发展区”……

始终“对世界报以汹涌的爱意”，这是我们向儿童学习的第三个方面。一个人在发展过程中，难免会有曲折，难免会遭遇不公。但作为教师，你每节课都会面对几十名求知若渴的孩子，你没有权利将生活中的情绪带到工作中来，要始终对世界、对孩子报以爱意。这里的爱意，包括真情的爱、持久的爱、艺术的爱；唯其如此，你才能将教育演绎得更加完美。

「 5 」

如果再换个视角，但凡在教育道路上走得更远的人，无一不拥有一颗“纯真的心”，功利主义者也许只会有“眼前的苟且”；无一不拥有一颗“好奇的心”，无动于衷者也许只会有“些许的收获”； 无一不拥有一颗“大爱的心”，自私自利者也许只会有“可怜的窃喜”。

帕斯卡尔说：“智慧把我们带回到童年。”孟子说：“大人者，不失其赤子之心者也。”几乎一切伟人都用敬佩的眼光看待孩子。

无论您是老师，还是家长，我都期待你们能保有一颗童心，让灵魂从婴儿做起，像儿童那样，咬着铅笔，对世界报以纯真，好奇和汹涌的爱意……

“六月飞雪”为哪般

「 1 」

每年高考刚过，网上就不乏学生撕书的“壮观”场面：一些考生把书全部撕碎再从教学楼上疯狂扔下来，纸片漫天飞，好似“六月飞雪”。

无独有偶，昨天在“朋友圈”看到的一则新闻，同样让人五味杂陈。

「 2 」

近日，云南的一群“熊孩子”上演了一幕让人哭笑不得的事情。事情发生在放学的路上，七个小朋友相约一起回家，一开始的时候一切都还比较正常，孩子们有说有笑，高高兴兴地走在回家的路上。

当他们走到路边的一个泥坑时，画风瞬间就变了。不知是哪一个孩子的主意，还是他们共同商量的结果，只见一个稍微大一点的孩子，拿着别人的书包狠狠地摔进了泥坑。

另外的四个小男孩看到这一幕瞬间就激动了，纷纷取下自己背上的书包摔进泥坑，然后又把书包从泥坑里捡起来继续往泥坑里摔。摔的过程中，为了有创意，他们还表演了各种各样的花式摔法；当书包摔进泥坑的那一刻，甚至还欢呼雀跃。

「 3 」

我无法判断这则新闻的真假，但从视频中看，摔书包的孩子是投入的，是兴奋的，没有一点点的后悔之意，没有一点点对书的敬畏之感。

从“六月飞雪”到几个小朋友兴奋地摔书包，让我想到了巴西前农业部部长何塞·卢林贝格。他创立了“不幸福的经济学”，为了佐证他的学说，他举了一个例子——

有一天，何塞·卢林贝格乘飞机到外地访问，在飞机上他突发奇想：假如这架飞机今天失事了，飞机上的几百条生命瞬间消失，保险公司会支付大量的赔偿金，当地的国民生产总值因此会有一定的上升。这个结果从经济数据上看是“幸福的”，但给每个丧生者的家人留下的却是永恒的悲痛，这就是“不幸福的经济学”。

「4」

从“六月飞雪”到几个小朋友“喜摔书包”，我们真的要深刻反思教育了：我们可否从“不幸福的经济学”中透视“不幸福的教育”的源头？

教育过程中出现的问题，其源头不全在教育，原因是多方面的：学校的、家庭的……但作为教育者的教师和家长，我们是不是该反思一下？

「5」

就学校而言，本真的教育到底是什么？能不能和中高考升学率直接画等号？学习科目是不是一定要分主科和副科？音乐、体育、美术等学科是否可以随便停课？校本课程是不是仅仅为了应付上级检查？做实验可不可以模拟进行？

就教师而言，本真的教育到底是什么？仅仅是分数吗？仅仅是满足本班的排名吗？你的课堂真的将德育和学科教学相融合了吗？你的课堂让学生感到愉悦了吗？你在课堂上有没有传递正能量？你的言行是否真的做到了“德高为师，身正为范”？

就家长而言，本真的教育到底是什么？仅仅是孩子能考上一所理想的大学吗？仅仅是为了让孩子完成你曾经未完成的理想吗？当我们在逼孩子“上进”的时候，你考虑过孩子的感受吗？你在将孩子和别人家的孩子比较的时候，你知道孩子也在拿你和别的孩子的父母比较吗？

“六月飞雪”和“喜摔书包”，在孩子们兴奋的背后，是教育的悲哀。教育，竟然让学生如此“讨厌”。学生发泄的对象表面上看是书籍，其实是教育——因为他们从教育过程中感受不到快乐。

「 6 」

“六月飞雪”为哪般？

如果教育仅仅是起早贪黑，孩子们就难有快乐；如果学习的唯一路径就是教材，孩子们就难有快乐；如果老师和家长只关心学业而不关心他们的感受，孩子们就难有快乐；如果只知道学习而不知道为什么学习，孩子们就难有快乐；如果学习只是阶段性的手段而不是人生的需求，孩子们就难有快乐……

「 7 」

本真的教育，在于追求孩子的可持续发展，在于真正践行适合的教育——让大树成为高耸的大树，让小草成为骄傲的小草。

幸福的教育，一定是“五育”并举的，一定是民主和谐的，一定是教学合一的，一定是自主自觉的，一定是共享共生的……

教育的悲哀在于教育的初心有问题，我们总想把小草培养成大树；教育的结果也有问题，我们把大树培养成了小草。

“鲁侯养鸟”几时休

「 1 」

《庄子·至乐》中有一则寓言故事：

昔者海鸟止于鲁郊，鲁侯御而觞之于庙。奏《九韶》以为乐，具太牢以为膳。鸟乃眩视忧悲，不敢食一脔，不敢饮一杯，三日而死。此以己养养鸟也，非以鸟养养鸟也。

这段文字的大意是，从前，有一只海鸟停留在鲁国国都的郊外，鲁侯派人用车迎接它，并在宗庙里给它敬酒，演奏《九韶》使它高兴，准备上等的肉食作为它的食物。海鸟却眼睛发花，心情悲伤，不敢吃一块肉，不敢喝一杯酒，三天后就死了。这是因为，鲁侯用供养自己的办法养鸟，而不是用养鸟的方法养鸟。

「 2 」

今天，这则寓言故事已经演化出成语“鲁侯养鸟”，揭示了这样的道理：好的愿望必须符合客观实际，否则，好事有时也会变成坏事。

著名作家周国平曾感叹说：“教育能让一个孩子如此痛苦，一定是出了问题。”那么问题出在哪儿呢？让我们来看看教育过程中“鲁侯养鸟”现象的多个版本。

「 3 」

版本一：将自己未实现的理想强加给孩子。一些家长由于种种原因，在青年时代没有实现自己的理想，于是乎千方百计地想让孩子来实现自己的理想：或痛陈“家史”，意在引导孩子感同身受自己曾经的苦楚，殊不知，孩子的时代已经远离家长的时代，过多的“忆苦思甜”教育往往事与愿违；或替孩子设计未来的发展方向，其实，每个孩子都是自己人生航程的船长，航向何方，彼岸在何处，自然由船长即孩子自己决定。

版本二："跟风教育"久盛不衰。一些家长坚定地践行"教育要从娃娃抓起"的理念，孩子刚读幼儿园，他们就开始提前进行小学教育；孩子上了小学，他们就开始张罗着报形形色色的辅导班——舞蹈、音乐、书法、奥赛……表面上重视教育，其实只是一种盲目的跟风行为。这种"跟风教育"的危害在于没有从孩子的兴趣出发，让孩子过早地产生厌学情绪；不顾及孩子的心智特点，提前或过度开发了孩子的智力；不考虑孩子的接受能力，从小加重了孩子的学习负担。

版本三：用自己的理解代替孩子的理解。如果说上面两个版本属于家庭教育中的"鲁侯养鸟"现象，学校教育中也有类似现象。一些老师在教学过程中，没有吃透学情，没有顾及学生的实际，没有从"以学定教"的教育规则出发：课堂教学一讲到底，不管学生是否真的会了；练习设计不顾学情，偏、难、怪题目偏多；课后辅导没有针对性，普遍撒网，渔获可怜……

「 4 」

以上种种，都是教育过程中"鲁侯养鸟"的现代版本，其危害在于，代替孩子确定理想，剥夺了孩子自主的"愿景权"；代替孩子选择辅导科目，剥夺了孩子自主的"兴趣权"；代替孩子思考学习问题，剥夺了孩子自主的"思考权"。

在这个世界上，很多事情是不能代替的，教育更不可以"被代替"。教育的本真，就是要从"不代替"开始；规避教育中的"鲁侯养鸟"现象，就是要做好"顺应"这篇文章。

「 5 」

顺应孩子的愿景。每个孩子心中都住着一个"哪吒"，都有一个"小太阳"，都对自己未来有美好的期待。作为家长或老师，我们要成为孩子理想的助力者，而不是简单地将自己未曾实现的理想硬塞给孩子。

顺应孩子的天性。每个孩子都有不同的天性，有的是柠檬，有的是甜橙。我们要做的，就是让柠檬更酸，让甜橙更甜，而不是让柠檬比甜橙更甜，让甜橙比柠檬更酸。教育的着力点应该是挖掘兴趣、顺应天性，让每个孩子都成为更优秀的自己。

顺应教育的根本。作为教育者，要明了教育的过程是孩子自我认知的过程，而不是老师或家长强行灌输的过程。绩效是检验课堂的唯一标准，对于课堂绩效而言，并不取决于你上课讲了多少，更为重要的是，孩子到底掌握了多少。

「6」

寓言总是给人启迪，故事也许有虚构的成分，但道理却客观地存在。远离“鲁侯养鸟”现象，才会离真教育越来越近，离伪教育越来越远。

监控下的学习，又能走多远

「 1 」

2019 年 9 月 3 日，人民网转载自“荔枝新闻”的一则新闻引发了热议。新闻内容如下：

近日，记者从 ×× 大学了解到，该校在新学期用上了人脸识别系统，包括在两间教室试点安装人脸识别系统进行考勤。“学生进教室后系统自动识别个人信息，自动签到签退。上课发呆、打瞌睡和玩手机等动作行为都能被识别出来。”

×× 大学相关负责人在接受采访时表示：“以前有的同学点完名就跑掉了，或者请别的同学代点名。但是有了人脸识别就没这个问题了，从你进教室那一刻起，行为就被全部监控。”

而关于“隐私侵犯”的问题，学校回应称，之前已向公安部门和法务部门咨询，由于教室属于公开场所，因此不存在“侵犯隐私”的说法。

「 2 」

无独有偶，几年前，我在扬州参加省教研室组织的历史教研活动，晚上和徐州几位高中同仁交流的时候，心里还对班里的那些“熊孩子”多少有点担心，毕竟我在学校的时候，他们也多少都有点不安分。现在我出差几天了，他们有没有安心地学习？代理班主任能不能维护好班级的秩序？

而那几位徐州同仁却毫不担心，原来同样作为班主任，他们都在班里装置了无线摄像头并和手机联网。这些同仁可以在任何时间、任何地点远程监控班中的情况，无怪乎他们一点也不担心班中的“熊孩子”了。

交流之后，我蓦然觉得自己落伍了。

「3」

几年前，省考试院为了加强高考考风建设，在全省各高考考点建设了标准化考场。作为“标配”，标准化考场一般由高清摄像头、拾音器、电波钟、音箱、电子屏蔽仪等设备组成，这本无可厚非。

于是，某校一些教师提出来，可否利用高考监控系统在网上听课？因为网上听课的好处在于：可以提高效率，一节课能够听几个不同风格的老师上课；还可以不打招呼听课，听到更多原生态的课。教务主任觉得有道理，就试着让一些老师到监控中心去听课。

过了一段时间，一些班主任找到教务处，也纷纷要到监控中心查看本班学生上课时的纪律情况，学校说等等再说，后来不了了之。

可是，今年高考前夕，学校在整理考场的时候，发现一些班主任自主地在教室安装了摄像头……后来还有人说，有些教师在自家孩子所在的班级安装了摄像头，这样他就能每天观察到孩子的一举一动。

三个案例，都涉及现代化的“互联网 +”技术，价值取向也基本一致。不妨冷静地思考，这些现象都给人带来哪些反思。

「4」

反思之一，监控下的学习会不会滋生“水性课堂”呢？

读过大学的人都知道，与中学对教师考评主要看教学绩效有所不同，大学对教师的考评，科研成果占了很大的比重，因此，大学教师重科研轻教学的现象并不鲜见。

一些大学生逃课、找人代替听课或者点过名就溜走，除大学生本身的因素外，也与一些教师上课质量不高有关。

如果上述新闻中的那所高校把两间教室的人脸识别系统推广到所有教室，估计那些逃课的、找人代替上课的，以及上课睡觉的、玩手机的现象都会很快绝迹。

但是，人脸识别系统只能保证学生的上课秩序，又如何能保证教师的教学质量呢？在无人脸识别系统之前，如果某节课学生大量逃课，这本身就在一定程度上警示上课教师：你的课，多少有点“水”。

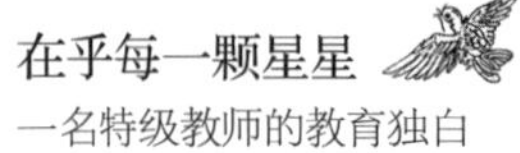

而在装置了人脸识别系统后，估计每个教室都会人员整齐、正襟危坐，一派济济一堂的景象。可这济济一堂的景象，会不会给少数“水课”教师这样的印象：我的课很精彩？

再深度思考：即使教室里再无缺席者，再无“代到者”，再无手机声，但如果这节课是“水课”老师上的，我们也不禁要问——监控下的学习，又能走多远？

「 5 」

反思之二，监控下的学习会不会滋生“表演型人格”呢？

毋庸置疑，在教室里安装人脸识别系统或者高清摄像头，的确会给维护课堂纪律带来种种好处。

但是，学生是知道人脸识别系统或者高清摄像头的存在的，不管是出于害怕自己违纪行为曝光，还是为了好好表现给班主任看，他们的行为都不是真正出于本心。

换言之，学生的行为不再是自己内心的真实表达，或多或少是表演的结果。在教室里他在表演学习，习惯成自然，久而久之，他们会不会养成“表演型人格”呢？

这些孩子如果养成了“表演型人格”，将来到社会上做事如果也是以“表演”为主，那这不能不说是教育的悲哀。

「 6 」

反思之三，监控下的学习会不会滋生“惰性管理”呢？

在教室里安装人脸识别系统或者高清摄像头后，的确会给班级管理、学校管理带来高效率，因为在任何时间、地点都可以观察到教室里学生的表现情况。

从此，班主任再没有必要“泡”班，再也没有必要巡查教室，因为只要打开手机即可。

同样，学校领导也没有必要每天去巡课，没有必要采用人工检查的办法去衡量每个班级的管理好坏，因为只要打开手机就行。

由此可见，远程监控下的教学管理，让班主任和班级管理更远了，让学校领导和基层管理更远了，让老师和学生的距离更远了。

殊不知，真正好的教育，更多的是“零距离”的沟通，是“面对面”的交流，是“润物细无声”式的眼神，是“随风潜入夜”式的关心。

「 7 」

反思之四，监控下的学习会不会滋生“假性学习”呢？

我也曾听说，一些家长在家中安装了高清摄像头，这样，家长在办公室就可以监控放学后的孩子有没有玩手机、玩游戏……但一个基本的道理是，即使你可以监控他的行为，那你可以监控到他的内心吗？

在教室里安装人脸识别系统或者高清摄像头后，的确会让学习风气趋好，但是不要忘了，这所谓好的学习风气更多的是学生装出来的，或者说不是学生自觉、自主、自愿形成的。

知识和能力的培养，更多的是孩子自主自觉地积累。即使是外在的干预或灌输，也必须通过孩子的自主消化，才能将所学知识真正转化为自己的知识。现代教育的研究表明，知识的摄取是孩子“重新编程”的结果，换言之，如果孩子不“重新编程”，知识是不会自己走到孩子的脑子里去的。

而监控下的学习，更多的是学生在管理压力下的表演，在电子监控下的无奈，在环境约束下的屈从，这样“假性学习”的效率就可想而知了！

「 8 」

不知是否有人统计过，装置了高清摄像头的班级是否高考都取得了好成绩？安装了远程监控系统家庭的孩子是否都考上了名校？

监控下的学习，或多或少都违背了教育的规律，违背了学习的规律，也会在一定程度上滋生“水性课堂”“表演型人格”“惰性管理”和“假性学习”。

监控下的学习，又能走多远？

第二辑

教育·厚德——成为你自己的那束光

教育的功用在于培养孩子的习惯，塑造孩子的品格，锻造孩子为理想而奋斗的精神。学生的成长过程就是一场远征，需要源源不断的动力续航。而能为人的发展续航的，除了勤奋、能力、机遇，更为重要的是习惯、品德和远大的理想。

成为你自己的那束光

尊敬的各位老师，亲爱的同学们：

下午好！今天离高考还有 100 天的时间，离高考的日子越来越近，我们的备考心理可能会发生微妙的变化：越来越会感到艰辛与无助，越来越会感到迷惘与彷徨。前路在何方？谁来照亮我们的前程？

《国际歌》的歌词说："从来就没有什么救世主，也不靠神仙皇帝！"可见，世界上并没有什么救世主，如果有救世主，那就是我们自己。我们的前程，要靠我们自己去照亮，我们都要成为自己的那束光。今天，我讲话的题目是"成为你自己的那束光"。

同学们，德不孤，必有邻。道德的力量，始终是我们征战途中的不竭动力，老师希望你们都能成为自己的那束"道德之光"。

有这么一则故事：第二次世界大战中的一个冬天，盟军的一位将军赴法国参加紧急军事会议，途中遇见了一对法国老夫妇，被冻得瑟瑟发抖，将军下令改变行程先送他们回家。事后，盟军获取的情报却让所有人震惊不已，原来那天德军的狙击手早已埋伏在将军的必经之路，连希特勒也认定这位将军必死无疑，可希特勒哪里知道，将军为救那对老夫妇而临时改变了行车路线。历史学家评论道：将军的一个善念躲过了暗杀，否则第二次世界大战的历史可能将会改写。

这个故事告诉我们：有时候，善念不仅仅在救别人，也是在救自己。为此，老师希望你们在冲刺过程中，始终高扬道德的旗帜，让"厚德"为我们续航。有了善念，你会感受到学习的温馨；有了善念，你会在奋战中静如处子；有了善念，你就不会在乎一时一事的得失，"道德之光"会照亮你前行的路。

同学们，心中有岸，不怕远航。理想的力量，同样是我们征战途中的不竭动力，老师希望你们都能成为自己的那束“理想之光”。

冲刺，就意味着你们要攀越高山，就意味着你们要横渡大海，就意味着你们要战胜孤独、走过彷徨、体悟曲折。在这样不一般的体验面前，如果没有高远的理想引航，你就很难做到真正意义上的成功。

胸中有大爱，前行方从容。戍边战士陈祥榕曾在日记中说：“清澈的爱，只为中国。”这位战士把自己的理想和伟大的祖国联系到一起，令无数人为之落泪。清澈的爱，如此纯粹，又如此炽热！同学们，如果我们都能把自己考大学的理想和国家的发展、社会的进步融为一体，和担当家国振兴、民族复兴的责任融为一体，我们就不会感到学习的苦闷，不会感到备考的艰辛，更不会感到冲刺的孤独！

《钢铁是怎样炼成的》一书的主人公保尔为什么会说“人的一生应当这样度过：当回忆往事的时候，他不会因为虚度年华而悔恨，也不会因为碌碌无为而羞愧”？因为，保尔已经把自己全部的精力献给了祖国。同样，你们将来回首往事的时候，会不会感到悔恨？会不会感到羞愧？那要看你们今天有没有虚度年华，有没有把自己的全部精力都用在学习上。

同学们，小溪只能泛起细碎的浪花，百川归海才能激发惊涛骇浪。合作的力量，同样是我们征战途中的不竭动力，老师希望你们都能成为自己的那束“合作之光”。

毋庸置疑，备战高考是我们人生旅途中最艰难、最曲折的历程，如果仅仅靠单兵作战，你会显得孤单无助，你也会觉得见效甚微，之所以有这样的感受，就是因为你缺乏团队力量的支撑。2005 年高考，河北省考生任怀艺在语文备考过程中与其他同学进行合作研究：有的同学负责语言基础知识研究，有的同学负责阅读研究，有的同学负责作文研究，并且每周研讨一次。那一年高考，这几位同学语文成绩都非常优异，任怀艺同学还以超录取分数线 20 分的优异成绩被清华大学录取。

据统计，在诺贝尔奖获奖项目中，因协作获奖的占了三分之二以上。这表明，合作是成功的前提，合作是成功的加速器，期待各位同学在二轮、三轮复习中，把合作作为备考提效的法宝。你的成长，你的腾飞，其实都是集体在给你力量，是班级团队给了你机会。让我们手拉手，肩并肩，发扬团队精神，把备考之船划向辉煌的明天！

同学们，备考也不是简单的“加减乘除”，敬畏的力量同样是我们奋战途中的不竭动力，老师希望你们都能成为自己的那束“敬畏之光”。

高考备考，需要对学习有一颗虔诚的心，对规则有一颗敬畏的心。为此，我们期待同学们都能敬畏老师。敬畏老师，就是要认真对待老师的要求和教诲，就是要认真完成学业，努力提升成绩；敬畏老师，就是要懂得认真而不轻慢，认真是一切成功的首要条件；敬畏老师，就是要在老师的引导下懂得人生的真谛，懂得去热爱生活。

我们期待同学们能敬畏生命。生命的诞生原本就是一种美好的机缘，每个生命个体都应尽情展现自己有限的青春年华。敬畏生命，就是要拥有健全的人格，就是要拥有健康的心理，不断提升自己的行为判断能力。一位哲人说：“一个人不能调节好自己的心理，即使他的伞再大，也挡不住下在心里的雨。”

我们期待同学们能敬畏机遇。机遇不会总是停留在那里，等待我们去珍惜。在暴雨如注的日子里，奔跑常常就是最好的状态，往往关掉身后的门，才会赢得更宽广的路。敬畏机遇，需要我们学会惜时，把每一天都作为高考的前一天；需要我们学会规范，通过规范答题赢得阅卷老师的青睐；需要我们学会坚持，坚持往往是成功之母。

同学们，在我看来，只要你们心中有光，就会不惧远航，哪怕山高路长；只要你们心中有光，就会一路芬芳，哪怕前路迷惘。老师真诚地祝愿你们，期待你们都能成为自己的那束光，照亮自己，也照亮别人，去共同创造属于自己也属于二高中（南京市溧水区第二高级中学的简称）的新辉煌！

谢谢大家！

（本文为作者在南京市溧水区第二高级中学2021届高三高考百日冲刺誓师大会上的讲话稿）

德不厚，何以远航

「 1 」

六年前，一位家长打电话跟我说，他的孩子在家与父母吵架，当年迈的奶奶好心劝导时，这孩子竟然恶语相加……

我很生气，立即电话通知班主任找他谈谈，想让班主任严肃批评他，可班主任却显得很为难："这学生成绩特别好，您看是不是这次就算了？"

语文老师有一天告诉了我这孩子的在校表现：他基本上不听课，上语文课做数学题目，上数学课写作文；遇见老师，也从来不问好；当同学向他请教题目时，他总是说"不会做"；轮到他值日，常常以种种理由请假……

这个孩子后来考取了一所非常著名的"985"高校。可他毕业不到一年，却屡屡被单位解雇，成了"跳槽族"。

「 2 」

家长和老师仅仅因为孩子的成绩好，就"一俊遮百丑"，放松对孩子的品德要求，这对于孩子而言是不负责任的表现，对于成长中的孩子而言也是不公平的待遇。

作为师长，应该及时发现学生行为所折射的品德方面的问题：对长辈恶语相加，说明他敬畏之心的淡漠；对老师不以为然，说明他感恩之心的缺失；对同学的问询不予理睬，说明他助人之心的欠缺；值日时经常请假，说明他团队之心的淡薄……

当然，我们也不能完全责怪家长和老师，功利化的评价机制已经蒙住了我们的双眼，让我们一些人的眼睛仅仅盯着孩子的成绩，"一好百好"。

可实际上，对于一名学生而言，只有品德也好，才有可能真正地"一好百好"，因为成绩只是当期教学成果的体现，而道德则是一辈子做人的根本。换言之，没有了品德，也就意味着没有了未来。

「 3 」

《世说新语》的一则故事同样给了我们诸多的思考。

有一次，荀巨伯千里迢迢去探望一个生病的朋友，刚好碰上外族敌寇攻打那座郡城，朋友就对荀巨伯说："我马上就要死了，您赶快离开吧！"荀巨伯却说："我远道而来看望您，您却要我离开，败坏道义来换得生存，我做不到。"他最终没有离开。

城池陷落后，敌寇进了城，很奇怪荀巨伯还待在这里，就问他："我们大军一进城，全城的人都跑光了，你怎么敢一个人留下来？"荀巨伯回答道："我的朋友生了病，我不忍心丢下他一个人。如果你们非要杀他，我愿意用我的命来换。"

敌寇听后内心大受震动，相互议论说："我们这些不讲道义的人，却侵入这个有道义的地方。"

于是他们就撤军而回了，整个郡城也因此得以保全。

「 4 」

在上面的这则故事里，荀巨伯的善念善举不仅改变了自己和朋友的命运，还改变了整座城的命运，避免了敌军屠城的恶果。

这个故事揭示了一个道理：做人应该讲情义，舍生取义的义举不仅救了他人性命，更是拯救了一座城，乃至一个国家！

当然，这则故事的结果不一定具有普遍的意义，但它启示我们教育者——加强学生的品德培养，其重要性要远远高于学业的传授。学业暂时落后，学生可以想办法赶上；而品德一旦低下，却难有挽回的可能。品德不是一个人可有可无的装饰品，而是一个人社会责任的集中体现。

「 5 」

人除了有生物属性，还应该有社会属性。打个比方：品德就像"1"，如果没有品德这个"1"，后面再多的"0"都是没有任何意义的。

再打个比方：人生就是一场远行，需要源源不断的动力续航，而能为人生不断续航的，除了能力、勤奋、机遇，更为重要的是品德。

换言之，成绩只是一阵子的显现，而品德却是一辈子的靠山。那个不断被单位解雇、不得不经常跳槽的校友，也似乎印证了这一结论。

「6」

最近，新能源电动汽车在网上比较火。客户最关心的莫过于电动汽车的续航里程，品牌不同续航能力不同，有的是 200 千米，有的是 400 千米，有的最大综合续航里程可达 650 千米。

人生如行车，其远航同样需要持续的动力支撑，而这持续的动力源，就是孩子美好的品德。

远望方知风浪小，凌空乃知海波平。学业成绩充其量只是“眼前的苟且”，对于教育者而言，更应该放眼“诗和远方”——学生的美德培养。

「7」

从教 30 年来，我与至少上千位家长交流过，常常看到的是因为孩子成绩靠后而焦灼不安的家长，却极少见到因为孩子品德落后而担忧不已的父母——这应该不算是一个正常的现象。

家长朋友，您是否知道——没有厚德，何以载物，又何以远航？

从“管宁割席”说开去

「 1 」

夜读《世说新语》，我看到了“管宁割席”的故事。管宁和华歆都是魏晋时期著名的儒士，《世说新语》中的原文是这样的：

管宁、华歆共园中锄菜。见地有片金，管挥锄与瓦石不异，华捉而掷去之。又尝同席读书，有乘轩冕过门者，宁读如故，歆废书出看。宁割席分坐，曰：“子非吾友也。”

管宁的表现有三个细节值得玩味：一是见到黄金，其“挥锄与瓦石不异”，依然耕耘如故，不为偶得的财富所动；二是看到豪车，依然读书如故，不为花花世界所动；三是迅速和同伴华歆划清了界限，割断席子和华歆分开坐，并说：“你不是我的朋友了。”

「 2 」

反观华歆，他的表现也有三个细节值得玩味：一是对财富的态度，见到黄金马上就去捡起，窃喜不已；二是对待豪车的态度，看到了一辆豪车，华歆居然放下书本出去观看，甚至久久目送；三是对待管宁的态度，看到好友管宁对黄金毫不动心，华歆虽然捡了金子，又马上把它扔掉。

从最后这个细节看，少年时代的华歆虽然爱财、爱豪车，但他对管宁还是有那么一丝敬畏，要不然，他也不会因为看到管宁的神色不对就把黄金扔掉。

即使是这样，管宁也没有宽恕华歆，迅速和华歆做了分割——割断席子和华歆分开坐，并正告华歆：“你我不再是朋友了。”

「3」

千百年来，人们对于“管宁割席”一直争论不休：一种观点认为，管宁不慕荣华，不贪金钱，潜心读书，值得称道；另一种观点认为，管宁不能一分为二地看待自己的朋友，过于苛求他人，甚至采取绝交的态度，实在偏颇。

引发人们争议的，不仅仅是故事本身，还有管宁和华歆后来的发展：管宁一生默默无闻，过着隐居的生活；而华歆却出仕入阁，官至司徒，一生为官清廉，虽然身居高位，却并不贪恋权势和钱财，未失救赡黎庶之心。

今天我说起“管宁割席”的故事，目的不是加入关于他们的争议，更多的是源自一位高一家长发来的信息。

「4」

这位家长在信息中说，儿子的“朋友圈”的内容在她看来都是负面的：溺爱游戏者有之，沉沦于手机者有之，喜欢打架者有之，说谎蒙骗家长者有之……

她还说，她的孩子恰恰有较强的模仿能力，很快，这孩子就染上了很多坏习惯，而且丝毫不听父母的劝诫。

为此，她非常痛苦，希望我能给她支招……

「5」

每个“问题孩子”背后都有一系列问题，我很难给她什么建议，但这位家长的信息以及“管宁割席”的故事，却引发了我关于孩子“慎交友”的思考。

中学生正好处于从青少年向成年发展的过渡期，这一时期其心理发展的基本特征是矛盾动荡性，主要表现为思想意识与心理行为的不稳定性，在交友的问题上也存在诸多问题和不足，主要表现如下：

交友的无选择性，不管是好友、良友、益友、诤友，还是损友，都普遍交往；交友的无原则性，无法正确区分友谊和“哥们儿义气”，往往感情胜于理智，甚至结成小团伙，把蛮干、鲁莽看成是英雄行为……

引导孩子“慎交友”，需要家长和学校的共同努力。

「 6 」

慎交友，就是要引导孩子正确认识朋友的含义。

朋友是什么？友情其实是一种最纯洁、最朴素、最平凡的感情。

朋友还是彼此一种心灵的感应，是一种心照不宣的感悟。成语“高山流水”，讲的就是伯牙和子期之间心灵感应的故事，他们以音乐结缘，演绎了一场纯真的友谊，让后人为之赞叹。

正如一首歌唱的那样：“朋友是风雨中的一把伞，是寒冷时披在身上的大衣，是远归时递在手上的一杯热茶，是伤心时一句贴心的话，是劳累旅途的驿站。”

「 7 」

慎交友，就是要引导孩子掌握交友的基本规则。

刘禹锡《陋室铭》中说：“谈笑有鸿儒，往来无白丁。可以调素琴，阅金经。”这给我们许多启示。

他的这段话告诉我们，交友就是要和有道德、有文化、有素养的人交往，自己也会因此自勉，从而得到提升，此即“与善人居，如入芝兰之室，久而不闻其香，即与之化矣”。

「 8 」

慎交友，就是要引导孩子学会“共建”。

自然界有这样一种现象：当一株植物单独生长时，显得矮小、单调；而与众多同类植物一起生长时，则根深叶茂，生机盎然。人们把植物界中这种相互影响、相互促进的现象，称为“共生效应”。

朋友之间，要在学习上互相赶超，在生活中相互帮助。若每个同学都能有几个非常好的朋友——成绩好，品德好，有共同语言，能共同进步，形成“学习共同体”，就会产生“共生效应”。

《世说新语》只是一部笔记体小说，“管宁割席”也不一定是真实的，但这个故事依然在启迪我们：你与怎样的人交往，决定了你有怎样的未来。

一个人，要像一支队伍

「 1 」

凌晨醒来，再也难以入眠，我便通过手机软件收听《朗读者》栏目，一位影视演员现场朗诵了作家刘瑜的《一个人要像一支队伍》：

一个人就像一支队伍，对着自己的头脑和心灵招兵买马，不气馁，有召唤，爱自由。……总是被打得七零八落，但总还能在上帝他老人家数到“九”之前重新站起来，再看到眼前那个大海时，还是一样兴奋，欢天喜地地跳进去……

「 2 」

在这夏日的凌晨，我被这短短的文字打动了，联想到昨晚临睡前看到的一篇文章，“八一勋章”获得者马伟明院士的事迹同样感动了我，我当即把它们转发给远在瑞士苏黎世联邦理工学院读博的女儿。

面对国外同行的讽刺和刁难，马伟明一句“落后不是中国人的专利”说出了改变的决心；面对国际大公司 100 万元购买其专利的请求，马伟明以“专利技术属于我的国家”一句话回绝；当国外科研机构以百万美元邀约他，他只是淡淡地说了一句“我的祖国需要我”。刘瑜的文章，马伟明的事迹，都带给我们的教育工作者诸多的启迪，我们要给青年学子以正确的思想引领。

「 3 」

一个人，应像一支队伍那样“更坚强”。相对于个人，团队则更加坚强，抗挫力则更强。冰心先生曾说：“成功的花，人们只惊慕她现时的明艳！然而当初她的芽儿，浸透了奋斗的泪泉，洒遍了牺牲的血雨。”在这“奋斗的泪泉”的背后，注定是无数次失败的经历。

在这期末考试的特殊时期，老师或家长朋友要引导孩子不惧怕失败，不要对不理想的成绩感到生气或绝望——你真正应该生气的，是你曾经的不努力。尽力则无悔，如果已经尽心尽力了，我们更多地要去查找方法上的原因，而不是一味地自责。

「 4 」

一个人，应像一支队伍那样“能抱团”。抱团的队伍，才是真正的团队。一个团队是这样，一个人也是这样。一个人的“抱团”，主要指要聚焦主业。马伟明院士从本科到博士后，从在校到工作，都在聚焦电磁弹射研制，最终用十年时间走完了美国人用二十年走完的道路。

在现实世界中，手机、网络、影视……影响孩子成长的因素很多，诱惑越多，孩子就越难以聚焦；越难以聚焦，学业就越难以进步。小时候，我们都玩过这样的游戏：在有阳光的日子，把一根火柴放到凸透镜下，火柴很快就被点燃。这个实验告诉我们：越是聚焦，能量越大。

「 5 」

一个人，应像一支队伍那样“敢超越”。在信息时代，围绕一些科学上的难题，全世界有千百个科研团队在夜以继日地攻关，谁创新了科研路径，谁就有可能走在前列，谁就有可能成为最终的“荣耀的王者”。

孩子的成长也是这样，勤奋当然很重要，有创新的勤奋则更加重要。一个团队或者一个人要想有超越，首先，他的“道”是先进的，敢想敢干，敢于自我突破；其次，他的“术”也是先进的，有优良的方法、科学的路径；最后，在态度上他也是先进的，勤奋向学，长期坚持。

「 6 」

刘瑜在《一个人要像一支队伍》一文的结尾中写道：“你要俯下身去，朝着幽暗深处的自己伸出手去。”

当每个孩子，都能像一支队伍一样，更坚强、能抱团、敢超越，那他应该会昂起首来，朝着光明的未来伸出手去。

丁点儿的梦想

「 1 」

我在晚读期间巡班，刚走到高一年级的走廊，高三的一个女生追了过来，说："老师，我想和您聊聊。"

她说："老师，我知道您来自宿迁，我也知道苏北的一些学校都有'通宵教室'，我们学校可否也设置这样的教室？"

我很好奇，问她怎么知道我来自宿迁。她回答说："我在网上看了您写的一篇文章。"

我同样好奇，问她为什么希望学校设置一个"通宵教室"，她有点不好意思地说："高一、高二没有抓紧时间，现在高考近了，觉得时间越来越少。"她说这话的时候，脸上多少有点遗憾的神情。

「 2 」

我进一步问她成绩情况，问她有没有希望考上一本，她的回答显得犹豫，说上次模拟考试还有 30 分的差距。

我对她说，现在高考是 6 门课计算总分，30 分的差距平均分到 6 门课，每门课也只有 5 分。她兴奋地说："是的。"

我又对她说："你是可以考上一本的，就看你有没有梦想，有没有决心。"临别时，我送她一句话："人常因丁点儿的梦想和简单的决心，而成就自己的传奇。"

「 3 」

望着她远去的背影，我在想：在我们教育的过程中，学校和家庭在理想教育上是不是该给孩子设置更高远的愿景？这会不会让孩子觉得理想很高远，一时难以实现，总是那么遥不可及？

当孩子觉得理想很高远的时候，他可能就会放弃，久而久之，理想就成了“水中月、镜中花”，成了可有可无的“鸡肋”。当理想成为“梦想”的时候，他还能一如既往地追求吗？他还会像以往一样孜孜以求吗？

「 4 」

对于教育者而言，与其每天给孩子灌输理想或者梦想，用遥不可及的未来去教导孩子，还不如将理想进行目标分解，用“最近的目标”或者“最小的目标”去激发孩子努力，长到一年的，短到一个月、一周甚至一天的目标，这样让孩子非常容易实现。

「 5 」

可见，在帮孩子发展的过程中，我们应该帮助他们去经常实现“丁点儿的梦想”，正确的做法如下：

将“远大的梦想”分解为若干个“丁点儿的梦想”。让孩子去实现每天、每周、每月的梦想，就像前文中的那位高三女生，我给她定的“丁点儿的梦想”，就是在两个月后南京一模考试中达到一本模拟分数线。

将“丁点儿的梦想”落实为“简单的决心”。有了“丁点儿的梦想”，就要督促孩子为这个可见的理想去努力，去践行“简单的决心”。许多班级都会将孩子的目标成绩张贴在醒目处，做到了“目标天天看”。但是，目标只是目标，需要老师和家长督促孩子去实现。相对而言，督促孩子去实现一个目标，比让孩子定一百个理想更加重要。

将“简单的决心”演变为“良好的习惯”。梦想有了，决心有了，关键在于实践。我们要通过孩子的每一次实践，去培养孩子践行诺言的习惯、求实的习惯、守时的习惯、好问的习惯……如果我们能将“丁点儿的梦想”“简单的决心”和“良好的习惯”融为一体，那教育的目的就基本达到了。

「6」

每个孩子都想有自己的传奇，关键是他有没有“丁点儿的梦想”和“简单的决心”，我们教育者就是帮助他们实现自己的传奇的人。

山田本一是一名马拉松运动员，1984 年，在东京国际马拉松邀请赛中，名不见经传的他出人意料地夺得了世界冠军。山田本一在他的自传中这么说：“每次比赛之前，我都要乘车把比赛的线路仔细看一遍，并把沿途比较醒目的标志画下来，比如第一个标志是银行，第二个标志是一棵大树，第三个标志是一座红房子，这样一直画到赛程的终点。”

他还说：“比赛开始后，我就以百米冲刺的速度奋力向第一个目标冲去，等到达第一个目标，我又以同样的速度向第二个目标冲去。四十几千米的赛程，就被我分解成这么几个小目标而轻松地跑完了。”

「7」

这番话阐释了一个浅显的道理：务实的目标，比高远的理想更容易让人付出行动。

教育者，当成为“光明的拐杖”

「1」

17年前，我刚刚到县中工作，在县城租房子蜗居，有一天中午放学，肚子很饿，自然将电瓶车加速到了最快，在途经一排门面房的时候，突然有一个人从里面飞快地向外跑，和我的电瓶车撞到了一起。

当时我的后背全是汗，不管是谁违反了交通规则，我毕竟撞了人家，那年轻人嘴角流血，看来是受伤了。我赶忙下车询问情况，谁知他说了一句话，让我瞬间暖心——“周老师，您还能认出我吗？”

听他介绍，他读高一的时候，我正在淮北中学实习，做了他40天的历史老师和实习班主任。

“有一天晚上，您在查宿舍的时候，发现我不在床上，于是您找遍学校附近的大小网吧，把我从网吧里揪了出来，并且和我彻夜长谈……打那以后，我再也没有去过网吧，后来我考上了淮阴师范学院，如今在育才学校当英语老师。”他一边擦拭着嘴角一边说。

“要不是您当年的引导，可能我现在就是街上的一个小混混。”他又补充了一句。

「2」

也许是年代久了，也许是年龄大了，也许是这样的事情做多了，老实说，他所说的情节我一点儿印象都没有。

但那天相遇的情节从此一直在我脑海中萦绕，我一直在思考：是什么力量让这名学生始终将一件事铭记在心？答案是显而易见的：是我在他发展的关键时刻拉了他一把。

「3」

就在前不久，一位原单位的同事和我一样离开了县中，他是从三中借调到县中的，在县中代管的初中教语文。

他的一名学生刚刚上了高一，在给他的信息中说："您发的照片不再有我们的身影，您分享的随笔也不再是我们的心声……刚步入高中，节奏快得让我难以接受，四处而来的压力让我喘不过气。无处诉说，无人倾听，所以我总是自私地想着我们能回到过去，您能再陪陪我们，再开导我们……"

这个孩子的话中，最打动人的是"心声""开导"等字眼。可见，孩子记住老师的往往不是那年复一年的课堂，而是循循善诱，是帮助孩子解开"思想的疙瘩"。

「4」

孩子每一个新的学段，无论是初一、高一，都是孩子的"心理断乳期"，这个时期他们会很不适应，稍有不慎，就会掉入"心理的泥沼"，他们更需要为人师者、为人父母者去关心，去引导，真正成为孩子的"光明的拐杖"。

一位南京名校高一学生的家长向我诉苦："孩子每天作业都做到晚上一两点，非常辛苦，可是月考成绩却一落千丈。本想批评他，又不忍心，因为孩子已经疲于奔跑了，他也心有怨言，苦苦挣扎……"

上面三个案例中的孩子，都是高一的孩子，都处于"心理断乳期"。这既是适应期，也是危险期，当然更是机遇期，此时此刻，他们最需要一根"光明的拐杖"。

「5」

如果你真想成为孩子的"光明的拐杖"，就应该引导他有正确的"苦乐观"：今天不吃苦，明天会更苦。他今天所谓的苦，更多的时候是没有从学习中体验到快乐，缺乏"深入的学""有特点的学""可持续的学"。

如果你真想成为孩子"光明的拐杖"，就应该引导他有正确的"成绩观"：分数只是阶段性成绩，做人却是一辈子的事，人格的完善、个人的成长、责任与担当，其实比分数更重要。

如果你真想成为孩子的“光明的拐杖”，就应该引导他有正确的“善恶观”：引导他明了什么是真正的“善”，如何做到王阳明提出的“致良知”和“知行合一”。“使人向善”应当成为教育永恒不变的价值追求。

「 6 」

在即将结束本文的时候，我看到了一个高一学生的作文《少年期的落幕》，文中写道——“面对越来越顺利的解题过程，面对慢慢回升的成绩，江添真正将自主学习和举一反三刻在了心里。她的少年期，她的迷茫的少年期已经过去了。”

看来，这个孩子基本度过了她的“心理断乳期”，在祝贺她、祝福她的同时，我们还应该看到，还有更多的孩子依然在“心理断乳期”的沼泽地里挣扎，他们彷徨，他们苦闷，他们不知所措……

「 7 」

著名作家白落梅曾写道：“在黑暗中，你做他光明的拐杖，在风雪中，你做他温暖的炉火。寂寞时，你给他花朵一样的微笑，孤单时，你给他大海一般的襟怀。”

我想，如果我们为人师者、为人父母者都能成为孩子的“光明的拐杖”“温暖的炉火”，能给他“花朵一样的微笑”“大海一般的襟怀”，初一、高一的孩子一定会早日走出“心理断乳期”，早日实现“轻舟已过万重山”。

「 8 」

白落梅这篇文章的题目是“放下包袱，即可成佛”，佛家可以追求成为信众的“光明的拐杖”，作为教育人，我们更应该能够做到。

从嫦娥奔月到夸父逐日，“光明”是每个时代的共同愿景，教育者，当成为“光明的拐杖”，让每个孩子都成为“精神明亮的人”。

“我”很重要

各位同学：

2004 年，我在高二做班主任，一次期中考试后的早自习，班长急匆匆跑来告诉我，刘同学的座位目前是空的。我知道，她家长是在学校附近租房子供她读书的。

我立即给家长打电话，家长说最近农忙，都回家收小麦了，这几天所租住的房子里只有她一个人。

好在他们家离学校只有几千米，家长和我几乎同时赶到了出租屋，结果屋子里人去屋空，桌子上只有刘同学留下的一张纸条。

她在纸条上写道：不要怪周老师，也不要怪左老师，他们都没有批评过我，只是我这次没有考好，觉得对不起辛劳的父母。我要到一个遥远的地方去，到一个你们永远也找不到的地方去……

看了纸条，我和家长瞬间都蒙了，不知如何处理。几分钟后，我们组织全班同学在校园周边寻找，让她家亲戚朋友在县城及周边寻找，同时也第一时间报了警。

到了下午，宿豫警方传来消息，说宿豫区某超市门口有一个女生，长得有点像我们报警所描述的刘同学，我们立即包车前往，见到孩子的那一刻，孩子和我们都情不自禁地流泪了。

在返程的车上，我们一句话也没有说，只是在送她到家的那一刻，我对刘同学说了一句话：“你要时刻对自己说，‘我’很重要。”

各位同学，之所以在备考这么关键的时刻，给同学们讲这么一个真实的故事，开这样一节特殊的班会课，就是因为在近一段时间，少数同学表现出的焦躁、迷惘、苦闷，让我觉得有必要给大家说几句心里话。

第一句话：因为“我”是世界上的唯一，所以“我”很重要。

德国哲学家莱布尼茨曾说：“世界上没有两片完全相同的树叶。”生物学研究表明，世界上没有两个基因完全相同的人，哪怕是双胞胎。换言之，世界上从来就没有完全相同的两个人，因此每个人都是这世界上的唯一。

第二句话：因为“我”有特殊的责任担当，所以“我”很重要。

在世间万物中，人类是已知唯一的高级动物，我们有情感，能感受喜怒哀乐；我们有品质，讲仁爱、讲奉献；我们更有各种各样的责任。

对于国家，我们有报效的责任。电影《风声》中有一段场景令人眼眶湿润。那个用生命将情报传出去的女共产党员顾晓梦，在最后留给同伴的旗袍上，用莫尔斯电码绣了这样的话：“我亲爱的人，我对你们如此无情，只因民族已到存亡之际，我辈只能奋不顾身，挽救于万一。”

假如每位同学都有顾晓梦的责任与担当，有那一份家国情怀，那你在学习过程中还会感到苦闷吗？还会感到抑郁吗？还会感到迷惘与无助吗？责任大了，痛苦就会少了；心胸大了，纠结就会少了。

其实，人之为人，不仅仅有对国家的责任，还有对团体、对父母的责任，以及对一切帮助过我们的个人和团队的感恩。

比如，对父母的责任。每个婴儿来到世上，首先得到的是来自父母的无微不至的呵护，那是一种深入血脉而不求回报的疼爱。作为子女，你该不该报答他们的哺育之恩？

人生苦短，对每一个生命个体而言，你可以放弃高远的追求，但不可以放弃你的权利和责任，为家庭，为社会，为所有关爱着你的人。既然有这么多特殊的责任，所以“我”很重要。

第三句话：因为“我”有无限未知的明天，所以“我”很重要。

生活最大的价值，在于我们对明天永远的未知。恰恰是这种未知，给了我们挑战，给了我们探索，更给了我们前行的动力。在西方的神话中，有一个叫西西弗斯的人，他被惩罚每天推石头上山，日复一日，年复一年。其实，西西弗斯能够每天推着石头上山，更多的原因是，他不知道明天会发生什么。

同学们，高三备考的确是痛苦的旅程，我们的确像那个每天推着石头上山的西西弗斯，他最美好的品质在于他的坚持，在于他有坚定的信念，在于他相信：奇迹也许就在明天，也许就在下一秒。

当你们感到读书痛苦的时候，不妨想一想你们的老师，你们只有一个高三，他们一辈子有很多个高三；当你们感到读书痛苦的时候，不妨想一想你们的父母，尤其是在他乡打工的父母；当你们感到读书痛苦的时候，不妨想一想那些未曾读高中的同学，他们一边忍受着生活的煎熬，一边羡慕着在教室内读书的你；当你们感到读书痛苦的时候，不妨想一想你们的明天，说不定，下一秒就会柳暗花明。

同学们，因为“我”很重要，所以“我”当扛起责任；因为“我”很重要，所以“我”当努力向前——奋斗到力不能支，拼搏到感动自己！

同学们，春天属于耕耘，春天属于奋斗，春天属于青春。莫道今年春将尽，明年春色倍还人，明年的春天将以千万倍的成果，回报你今天的努力。

谢谢大家！

（本文为作者在南京市溧水区第二高级中学2021届高三“在线班会课”上的讲话稿）

谁偷走了你的理想

尊敬的各位同仁，亲爱的各位同学：

早上好！又是一年桂香时，又是一季入学潮。秋日不仅仅是收获的季节，更是我们迈入更高年级的时节。今天，我想给同学们谈谈专注的话题。

每当这个时刻，我们总是怀揣着满满的希望，走进新的校园，走进新的年级，走进新的班级，回望三年前，你们轻轻问自己：我的愿望真的实现了吗？高一的新同学，三年前你们刚刚踏入初中的校门，你的第一目标高中真的是这所高中吗？高二、高三的同学们，一年前、两年前，你走进这所高中的时候，你的理想成绩真的是现在的成绩吗？

也许你会说，理想一直很丰满，现实总是很骨感。其实，骨感现实背后，是理想的逐渐远去，是目标的渐行渐远。那么，到底是谁偷走了你的理想？在讨论这个问题之前，我们还是先看一则小故事吧！

一群小青蛙准备一起攀登一座高耸入云的铁塔，原计划是爬到塔尖，结果，到了半路，天气炎热，一些小青蛙就后悔了，认为这样做没有什么意义，相互讨论了一番后，就停下了向上的脚步。

最终，只有一只小青蛙爬到了塔尖。大家都在猜测这只小青蛙爬到塔尖的原因，有的认为是它意志坚定，有的认为是它目标意识强，还有的认为是它不在乎他人的议论。其实，它们的猜测都不对，这只小青蛙其实失聪了。

这群小青蛙，它们原本的理想就是爬到塔尖，去“会当凌绝顶，一览众山小”，为什么大多数会半途而废呢？到底是谁偷走了它们的理想？

有人说，这群小青蛙缺少坚持，所以它们难以到达铁塔的塔尖；也有人说，这群小青蛙缺少坚定的理想，所以才会在半途轻易地放弃；还有人说，这群小青蛙在出发时就不知道为什么出发，所以半途而废是迟早的事。

他们的观点都不无道理，但在我看来，这群小青蛙最为缺少的就是一颗专注的心。它们看到了铁塔，就简单地下了登塔的决心，可是，它们很快就开始议论自己为什么出发，就开始考虑此行的利弊得失。在不停的议论声中，大家再也无法专注地向前，就逐渐放弃了自己的初心，停止了前行的脚步。

当我们在讨论这群小青蛙为什么半途而废的时候，更要反思那只失聪的小青蛙为什么能成功？它的成功之道，在于它听不到别人的议论声，更无法加入大家的讨论，它一直专注地向前，最终成功地登顶。

专注就是一种忘我的境界。法国著名作家福楼拜创作《包法利夫人》花费了近五年的时间，这期间他每天写作至少 12 小时。学习也需要这种忘我的精神，如果我们一边学习，一边想入非非，怎么能应对高强度的高中学习的挑战？

专注不仅仅是一种境界，更是一种智慧。非洲豹在猎杀羚羊的时候，绝不会去顾及那些站在旁边惊恐观望的羚羊，只是一个劲地向那只目标羚羊拼命地追去。因为豹子深知，这只羚羊已经跑累了，自己只有始终不丢开这只被赶累了的羚羊，它才能成为自己口中的猎物。学习也是这样，如果我们在追寻理想的过程中，不断地被沿途的风景所诱惑，不断地更换自己的追寻目标，那我们往往可能会和成功擦肩而过。

成功的路注定漫长，所以需要我们专心致志；一个人的精力非常有限，所以更需要我们一心一意。可在现实生活中，不是所有的学生都能明白这个事理：早读课上，有的同学总是找个机会和同桌说话；晚读开始时，有的同学总是对窗外的事物凝望不已；晚自习时，有的同学总是在不停地东张西望；更有甚者，有的同学还步入了早恋者的行列……殊不知，青春是你最大的资本，资本是用来投资的，而不是用来虚耗的；青春是美好的，我们要把最美好的青春，献给读书向学的美好事业！

孩子，当你有上述不良表现时，你还能安心学习吗？平静的教室，还能容得下你那颗躁动的心吗？当别人一往无前时，你却心猿意马；当别人专心致志时，你却坐卧不安；当别人心若止水时，你却浮想联翩……这让我想到了最近看到的一段话：孩子，你背不下来的书总有人能背下来，你做不出来的题总有人能做出来，你推到明天做的事情总有人今天完成，那么对不起，你想去的学校也只能让别人上了，你想过的生活也只能让别人过了。

孩子，当你自习课心不在焉的时候，当你课堂上东张西望的时候，当你对手机游戏欲罢不能的时候，你可曾想过含辛茹苦将你哺育成人的父母的感受？你可曾想过“爱生如爱子”的老师们的感受？你可曾想过那些初中一毕业就不得不去打工的同龄人的感受？

到底是谁偷走了你的理想？你的不专注，已经让你离理想越来越远，“南辕北辙”的故事正在不专注的同学身上上演着！

电影《肖申克的救赎》讲述了银行家安迪被诬陷入狱的故事，他在狱中十九年只专注于一件事，就是想着出狱找到事情的真相。他一度颓废过，一度沉沦过，而狱友瑞德对他说：“有些鸟是注定不会被关在笼子里的，因为它们的每一片羽毛都闪耀着自由的光辉。”

希望每一名高中的学子都能沉下心来，潜心向学，一心向前，终有一天，你会成为那只“关不住的鸟”，因为你们的每一片羽毛都闪耀着自由的光辉！

谢谢大家！

（本文为 2021 年 9 月 1 日作者在南京市溧水区第二高级中学开学典礼上的讲话稿）

读书，不止此时此刻

「 1 」

就在昨天下午，我给高三的孩子们开会，我对他们说：此时此刻，正是冲刺高考的最关键时刻，你今天的努力，可能比你今后几十年任何时候的努力都重要得多。一句话：你今天的读书，不止此时此刻。

晚上失眠，我看到了《人民日报》微信公众号推送的一组照片，题目是“读书，不止在此时此刻”，这组照片有 10 个感人的镜头。

「 2 」

第一幅照片，是一个孩子在书店读书的场景，主题是“在年少时读书”，配有文字：认识世界的多彩、人生的丰富。

这让我想起了自己少年时家徒四壁，无钱买书，只能到邻居家借阅“小画书”（小人书），在如豆的煤油灯光下，如痴如醉地阅读。恰恰是一本本“小画书”，让我走进了新的世界：知道了“西天取经”“地道战”，知道了世界有如此之大……

「 3 」

第三幅照片，是几名学生在走廊里读书的场景，主题是“在求学时读书”，配有文字：怕什么真理无穷，进一寸有一寸的欢喜。

这让我想起了自己的求学时光，起初，我在村办的联合中学读初中，那里根本不开英语课。初二的上学期，父亲将我转学到邻省读书，第一节英语课是关于“be going to”句型的。天哪！我连 ABC 字母都不认识……

「 4 」

恰恰是这所学校改变了我：放寒假了，我们江苏籍的几名同学，请陈娟老师补英语，在那冰天雪地的校园里，留下了一群读书少年的脚印；放暑假了，回到了村子里，许多数学题根本不会做，我就满村子找人问，吃饭时间到了，母亲村南村北喊我吃饭。

那个年代的我，每问会一道数学题，的确会“进一寸有一寸的欢喜”。因为，整个村子里，读过高中的也只有两个人，与其说是问他们题目，还不如说是我们在共同探讨。这也是我至今坚信不疑的一个结论：自主学习，是学习的最高境界。

「 5 」

《人民日报》微信公众号的这组照片最感人的是第六个镜头——“在逆境时读书”，后面也配有文字：把文字化成一道光，拨开迷雾，照亮前方的路。

照片中，在一个嘈杂的食品店里，一个女孩在自己家店铺的柜台下专注地翻书……这个镜头难免让人落泪：父母忙于生计，孩子却自觉读书。

「 6 」

这个镜头让我想起了两年多前，我在办公室接待杨同学的家长，因为有电话预约，所以我很奇怪地问坐在面前的妇女：“你们不是说夫妻俩一起来的吗？怎么就你一个人？”

这位母亲告诉我，孩子的父亲在楼下的电动三轮车上，因为双腿高位截瘫，没有办法上楼。

她还告诉我，全家人依靠每月 2 300 元的政府低保生活，杨同学在第一实验学校读书期间，教材是免费的，三餐是学校免费提供的，从来没有钱买教辅资料，三年里都是借同桌的书看的……

她还说，他们家从来不出礼（凑份子）。

我同样很奇怪，就问她：“孩子姑姑、舅舅家有红白喜事的时候，你们家也不出礼吗？”

她回答说：“不是我们不出礼，而是我们出礼了，等吃完饭，亲戚都会把钱退给我们。你说我们此后怎么再去出礼呢？”

杨同学母亲的话，让我的眼泪在眼眶里打转，看看自己的钱包，把仅有的500元现金塞给她，说：“这是给杨同学买教辅的，这与你选择哪所学校读高中无关。”可她怎么也不肯要，直到我追到了楼底下，将钱硬塞给了孩子的父亲。

几天后，这位母亲给我发了短信，大概意思是说：我们孩子决定到你们学校读高一，校长这么善良，学校不会差的……

「7」

两年过去了，因为工作的变动，此事我早已淡忘。清明我放假回家，在餐桌上，曾经的同事再次提及了此事，他还告诉我，杨同学在最近的宿迁市第二次模拟考试中，考了全市第二名的好成绩，这才让我再次想起这个生活不易的少年。

那个在柜台下专注翻书的女孩，那个从来没有钱买教辅的杨同学，他们的镜头就像一帧帧影片，在失眠的夜晚，在我的脑海中不停地闪现。

我期待，其他孩子能看到这两个孩子的镜头；我期待，我的学生能看到这段文字。

「8」

文字的确是一道光，照亮前方的路。是读书，让我有机会从偏远的苏北，来到了如诗如画的随园读书；让我有机会从一名少年，成为一名站在讲台上的先生；让我有机会从一名乡村中学的教师，成为一名县中的名师……

前不久，一位高一学生家长向我求助，让我帮她找一本高中数学公式之类的书，她要重新学习高中数学，准备和正在读高一的孩子一起学习。

她和我一样，来自农村，因而深知农人的艰难，深知读书的珍贵，深知书中自有光亮，可是她的孩子也能明白这样的道理吗？

读书，就是一道光，不止此时此刻。

享受无法逃避的痛

「1」

有这样一个故事：

有位农夫种下小麦后祈求上帝，希望能风调雨顺，不要有天灾虫害。上帝答应满足他。那年春季，他家的麦苗长势喜人。可等到初夏收割的时候，这位农夫发现，他家麦田里的麦穗几乎全是瘪的。农夫含泪询问上帝缘故，上帝回答说：“因为你家的麦穗，避开了所有的考验。”

自然界是这样的，人生道路也是如此。

「2」

有这样一道作文题：

有人说，人有两条路要走，一条是必须走的，一条是自己想走的，你必须把必须走的路走漂亮，才可以走想走的路。有人却说，我不去走我想走的路，又怎能走得更好？不去走想走的路，人生又有何趣味和意义？

「3」

上述两个案例，都在阐释同一个道理：有些痛苦，你是避免不了的；有些道路，你是躲不过去的。

就一粒种子而言，要想长成植物并开花、结果，需要经历各种各样的苦痛：须经历风雪之痛，适应风雨交加或风雪交加的状态；须经历烈日之痛，无论阳光多厉害，无论气温多高，它都得无条件接受；须经历病虫之痛，各种各样的病虫害，各种各样的农药，它都得忍受；须经历旱涝之痛，旱也罢，涝也罢，虽然都不利于它的成长，但它都得接受。

「 4 」

就像上面故事里的小麦，正是由于它没有经历过风雪、烈日、病虫、旱涝的考验，避开了生活的考验，同时也错失了丰收。

成长中的孩子也是这样，都希望走上一条风调雨顺的道路，都期待未来是坦途，都想走自己想走的路。但是，现实常常是残酷的，你往往要走必须走的路，即使这条道路上有风雨交加，有电闪雷鸣，有暗礁险滩……那你也必须走下去，因为你的道路，往往不是你能够选择的。

「 5 」

孟子将人生必经磨砺的道理说得很透彻：“故天将降大任于是人也，必先苦其心志，劳其筋骨，饿其体肤，空乏其身，行拂乱其所为，所以动心忍性，曾益其所不能。”

在孟子看来，“降大任于是人”的前提是，必须“苦其心志，劳其筋骨”：不仅有身体上的折磨，还有品行上的磨砺；不仅有心志上的痛苦，更有林林总总的考验。

苦尽甘来，这是自然的法则。规律是用来遵守的，顺应规律，才有大成。

「 6 」

又到了一年一度的高考放榜日，今天下午，江苏省教育考试院将公布2022年高考分数线。“月儿弯弯照九州，几家欢乐几家愁”，考好的自然欢天喜地，考差的难免垂头丧气。有一位名人说：真正考验一个人的，往往不是他成功之时，恰恰是在其失利之日。

面对高考暂时失利的孩子，无论是老师还是家长，都要给孩子以正确的引领，让学生学会正确面对成绩，面对挫折，正如一位母亲写给女儿的话所说的那样：孩子，请享受无法逃避的痛苦。

「 7 」

之所以说要“享受”，是因为没有办法逃避，在这种情况下，“享受”总比被动接受更加积极，更加务实，更加有效。

之所以说要“享受”，是因为享受了痛苦，才有甜甜的未来，正如瓜总是甜的，但瓜茎、瓜蒂无一不是苦的。

之所以说要“享受”，是因为享受是一种积极的态度，是一种超然的心态，也是一种改变的决心，更是一种智者的选择。

假如时光可以倒流

「 1 」

先看一个故事：

纳德·兰塞姆是一位著名的牧师，无论在穷人还是富人心目中，他都享有很高的威望。在他的一生中，他有一万多次到临终者面前，聆听他们的忏悔。

纳德·兰塞姆有记日记的习惯，晚年他从日记中把这些人的临终忏悔找出来，想编成一本书。但后来稿件却因大地震而毁于一旦。纳德·兰塞姆没精力再重新编这本书了，他去世后，被安葬在圣保罗大教堂，墓碑上清楚地刻着他的手迹：假如时光可以倒流，世界上将有一半的人可以成为伟人。[①]

这位牧师的话已经说得很明白，如果进一步引申的话，那就是人们如果将死亡前的反思提前五十年、四十年、三十年，世界上将有一半的人会成功地超越现在的自己。

「 2 」

兰塞姆的故事告诉我们：道理往往是后懂的，懂的时候往往都是迟的。

道理客观地存在于人世间，但要懂得这些道理，需要我们不停地去实践，这就是社会存在与社会意识的辩证关系。由此可见，实践在前，道理在后。既然“道理在后”，所以当你明白道理的时候往往都是迟的。我们常常会见到这样的景象，许多人常常为当年的行为悔恨不已，但又常常是“悔之晚矣”。

既然“道理往往是后懂的，懂的时候往往都是迟的”，那我们可不可以让“懂的时候”稍微提前？这就需要我们在以下几个方面下功夫：其一，珍惜年华，当你勤奋地做某事，实践多了，明白的道理自然就多了；其二，惟精惟一，就是做事、

① 宋涛．思考人生的每一天［M］．北京：北京燕山出版社，2008.

做学问要精进专一，当你专注于某一件事，滴水穿石，自然就会明白更多的道理；其三，不惧失败，道理往往就藏在失败的经历中，失败后的反思，更容易让人明白深刻的哲理。

「 3 」

兰塞姆的故事也告诉我们：时光不可以倒流，但反思却可以提前。

网上有一段话说得很精彩：我们再也回不去了，我们不可能再有一个童年，不可能再有一个邂逅，不可能再有一个初恋，不可能再有从前的快乐、幸福、悲伤、痛苦。不管是昨天，还是前一秒……通通都不可能再回去了。生命原来是一场无法回放的电影，一转身就错过了你给的幸福……

虽然时光不可以倒流，但反思却可以提前。假如你是一名学生，就应该及时反思每一道题的得失；假如你是一名教师，就应该及时反思每一节课的成败；假如你是一名商人，就应该及时反思每一次交易的过程。人不反思，难以明白更多的事理，更难以进步和发展。

「 4 」

兰塞姆的故事还告诉我们：对于别人告诉你的道理，你的认识往往都是肤浅的。

在我们成长的过程中，许多道理往往都是别人告诉我们的：小时候，父母会告诉我们这样那样的道理；在学校，老师也会给我们讲很多道理；工作后，同事或领导也会给我们谈人生的体验……

诸如此类的道理，我们真正听进去的到底有多少？真正去践行的又能有多少？在很多时候，这些道理往往被我们嗤之以鼻，而当你嫌弃别人的大道理的时候，恰恰是你和真理失之交臂的时候。

「 5 」

假如时光可以倒流，我也想回到童年，回到那无忧无虑的时代；假如时光可以倒流，我也想回到少年，想和同学们一起坐在明亮的教室里大声读书，考上更理想的大学；假如时光可以倒流，我也想回到青年，钻研更先进的教法，乐育天下英才……

「 6 」

可是，一切都是回不去的，正如朱自清在散文《匆匆》中写的：

燕子去了，有再来的时候；杨柳枯了，有再青的时候；桃花谢了，有再开的时候。但是，聪明的，你告诉我，我们的日子为什么一去不复返呢？

听闻远方有“她”

各位同学：

上午好！《听闻远方有你》这首歌最近很流行。在这冲刺高考倒计时一百天的日子里，联想到这首歌曲，我将今天讲话的题目定为“听闻远方有‘她’”。

就远期而言，可以把这里的“她”，看成同学们的人生理想；就近期而言，可以把“她”看成我们的高考奋斗目标。

远方的“她”，是不一样的。在本科院校中，有“双一流”大学和非“双一流”大学的区别；在“双一流”大学中，也有C9（九校联盟）高校和非C9高校的区别；即使是高职院校，也有示范性高职和非示范性高职的区别。

如果我们明白了“她”是不一样的这个道理，我们就应该义无反顾地去追寻心中的那个“她”，那个更高等级的“她”——

义无反顾地追寻“她”，需要我们驾起“舍得之舟”。

伟大的舍得，需要伟大的放弃。《道德经》中说：“夫唯不争，故天下莫能与之争。”这里的“不争”，其实就是学会放弃，最终“天下莫能与之争”。实践证明：小舍则小得，大舍则大得。就在上学期，有个同学向我建议，高三能否像上一届高三一样，比高一、高二早一点放学？当你在比放学时间早晚的时候，你有没有和上届学长、学姐比一比学业成绩？你有没有想过，高一、高二的学生还有一到两年的在校学习时间，而你呢？

在美国经济大萧条期间，学者约瑟夫·坎贝尔舍弃了优裕的生活，躲进森林里读了五年书。他出来后，很快就成为非常著名的神话研究学者，并写了《千面英雄》这本影响千千万万读者的书。他之所以能取得成功，是因为他敢于舍得，为了心中的“她”笃定前行。

同学们，此时此刻，你们需要在100天内，短暂地放弃手机游戏，短暂地放弃音乐影视，短暂地放弃娱乐生活，一门心思备战高考，将全部的心收回来，做好“舍得”这道选择题。

义无反顾地追寻“她”，需要我们荡起“研究之桨”。

高考是选拔性考试，始终把“选拔人才”放在非常重要的位置，试题难度不断提升，这就需要我们学会研究。研究的前提是学会提问题，这就是我们给各位同学发放“善问留痕本”的原因。宋代理学家朱熹认为“学贵有疑”，古希腊思想家亚里士多德说“思维从疑问和惊奇开始”，现代物理学家爱因斯坦说“提出问题比解决问题更重要”。中外先贤都在倡导我们学会提问，学会在思考问题、解决问题中不断靠近知识的核心。

同学们，真理，总是诞生在 100 个问号之后。在这冲刺的关键点上，希望每一名高三同学都能经常问老师问题，掀起“善问”高潮，并将问题记录到“善问留痕本”上。其实，你问得有多深，研究得就有多深；你研究得有多深，备考的道路就能走多远。

义无反顾地追寻“她”，需要我们扬起“自信之帆”。

有自信的人，必定是一个敢于行动并善于行动的人。1920 年 7 月，德国青年林德曼独自驾着一叶小舟横渡大西洋。此前，有一百多位横渡勇士葬身于大西洋汹涌的波涛之中。林德曼想，他们的失败除了源于征程的险阻，更源于自身的恐慌与绝望。林德曼最终战胜了自我，成为第一位靠独木舟横越大西洋的勇士。

狭路相逢勇者胜，可我们许多同学缺乏应有的自信。有句话是这么说的：“紧要关头不放弃，绝望就会变成希望。”期待高三同学永不放弃，相信“我能、我行、我成功”，心中始终铭记陈胜、吴广的那句话：“王侯将相宁有种乎！”让自信成为心海里那座不灭的灯塔！

同学们，人生很长，关键处只有一两步。在这冲刺一百天的关键时刻，我们期待全体高三同学都能成为“学会舍得”的人，善于取舍；都能成为“善于研究”的人，掀起善问的高潮；都能成为“充满自信”的人，义无反顾向前冲！

一百天，向往着远方；一百天，代表着吉祥；一百天，昭示着希望。同学们，在教学楼的南北两侧，有两句话代表着在座的各位老师和家长的心声，期待你们“努力到无能为力，拼搏到感动自己”，期盼你们“今夏同圆梦，一起向未来”！

谢谢大家！

（本文为作者在南京市溧水区第二高级中学2022届高三高考百日冲刺誓师大会上的讲话稿）

人不痴迷难成学

「 1 」

2006 年春天，学校要举行开学典礼，由高三学生陶同学做国旗下的演讲，按照惯例，这名学生的演讲稿需要事先由校长办公室审核。

我看完这孩子的演讲稿后，就提出了几条修改意见，可是陶同学的态度令我吃惊：要么不发言，要么按原稿发言。

「 2 」

这已经是十多年前的事情了，我已记不清陶同学演讲稿上的内容，大致的主题是“学习，要有一颗虔诚的心”。

今天之所以旧事重提，不是因为陶同学拒绝了我对演讲稿的修改建议，也不是因为他当年以优异的成绩考取了南京大学（实际上他已经达到了北京大学的录取分数线，但他更喜欢南京大学的物理学专业），主要是他关于“虔诚”的文章立意一直在我心中萦绕。

「 3 」

昨天晚上，我看到了《书摘》里的文章《阁楼上的金岳霖》，文中记述了著名哲学家金岳霖的两则小故事：

西南联大时期，一次警报响起，别人都如惊弓之鸟，四处奔逃，只有金岳霖浑然未觉，安坐桌前。所幸他住的宿舍楼幸免于难，待警报解除，大家奔回废墟寻人，只见他提笔而立，一脸茫然。

一次金岳霖出门访友，到人家门口按了门铃，朋友家女工出来开门，问金岳霖“贵姓”，他一时间竟忘了自己的“贵姓”。没有办法，他对女工说，你等一下，我去问问我的司机，惊得那女工张着嘴半天说不出话来。

「 4 」

十几年前陶同学的演讲稿，加上金岳霖先生的两则故事，都给我们读书人诸多的启发：真正的读书人，到底需要怎样的状态——

读书，需要“不功利”的状态。前文所说的陶同学，在成人的眼里，这个孩子的情商是很差的。但是，正是他不谙世故，他“不功利”，才有可能把自己的学业做到极致，所以才能在 2006 年的高考中取得优异的成绩。

在学术界，更需要“不功利”的状态。南京大学教授韩儒林先生曾经给著名的历史学家范文澜送了一副对联：“板凳要坐十年冷，文章不写半句空。”青少年求学和学者做学问，都遵循一些基本的道理，如果把将来一定要考上名牌大学或者年薪多少作为学习的目标，十有八九都很难实现，因为伟大的目标，更多的时候需要的是伟大的“不功利”。

「 5 」

蒲松龄在《聊斋志异》中写道：“性痴则志凝，故书痴者文必工，艺痴者技必良……”在蒲松龄看来，性情痴迷的人至少有两大好处：一是“志凝”，即志向单一，专心致志；二是在这个方面的成就一定很高。

我想，在读书求学的过程中，如果每个孩子都能“虔诚”一点、“痴迷”一点，都能有一些“不功利”“准宗教”的状态，其结果一定是“文必工”“技必良”。

「 6 」

前文所说的陶同学，现在已经是一所“211”大学的教授。看来，还是古人说得对——人不痴迷难成学。

第三辑

教育·镜子——擦亮孩子的镜子

为人师者，为人父母者，其实都是一面面镜子。如果你能做到行为世范，那么你的学生或你的孩子就会温文尔雅、知书达理、行为规矩；相反，如果你的言行不能起到示范作用，那就会给孩子带来负面的影响。

在孩子面前，我们为人师者、为人父母者，是他们的一面面镜子，擦亮我们自己，孩子才能以我们为镜。

擦亮孩子的镜子

「 1 」

现实生活中，孩子的一些失当行为往往令成人难以理解，有人认为这是家庭教育的问题，也有人认为是学校教育的问题。让我们来看看《颜氏家训》中颜之推是如何分析的，他在《治家篇》中说：

夫风化者，自上而行于下者也，自先而施于后者也。是以父不慈则子不孝，兄不友则弟不恭，夫不义则妇不顺矣。

颜之推的意思是说，像教育感化这样的事，总是从上向下推行的，总是从先向后施加影响的。父亲不慈爱，孩子就不孝顺；兄长不友爱，弟弟就不恭敬；丈夫不仁义，妻子就不温顺了。

「 2 」

从颜之推的这段分析来看，要想让孩子品行端正，弟弟恭敬友善，妻子温顺和善，其关键在于父亲、兄长、丈夫要树好标杆，当好楷模。这里，我们重点讨论的是教育的问题，因此，研讨的焦点应该放在父母如何树好标杆方面。在颜之推看来，要想孩子品行端正，作为父母，应该注意以下几点：

一是明了“慈”的内涵。“慈”有“慈祥”“慈爱”的意思，“父不慈则子不孝”，父亲不慈祥，则子女不孝顺。中国传统文化一直强调严父慈母，但这里的严，不是简单的威严或者严厉，更多的是严格、严肃，也就是说，家长对孩子要严格要求，不可以护短。但是，严格也是有界限的，如果孩子没有什么大的错误，而家长仍然一味地去埋怨他、责骂他，久而久之，孩子就会心生怨恨，失去前行的动力。看来，教育过程中，父母的“慈”是不可或缺的。

二是把握“爱”的尺度。爱有“关爱”“疼爱”的意思。父母爱儿女，天经地义，但是爱的内涵太丰富，正确的爱是从心底流淌的大爱，是遵循规律的挚爱，主要体现在这些方面：当孩子遇到困难时，你能扶他一把，和他一起面对生活的挑战；当孩子处于迷惘时，你能帮他分析得失，帮他拨云见日看清前行的方向……而在现实生活中，许多家长把“爱”演绎成了“溺爱”，演绎成了无原则的爱，这样的“爱”，无异于“害”。因此，爱，也是有尺度的。

三是明确“上”的规矩。《颜氏家训》强调“夫风化者，自上而行于下者也”，在颜之推看来，实现教育感化的重要条件在于“上行”。对于家庭教育而言，“上”就是父母，父母的行为要规矩，要有示范作用，否则，“上行下效”，就会出现灾难性局面。从现实情况看，一名优秀孩子的背后，往往是一个优秀的家长团队，往往是“上”有规矩的团队。

可在现实生活中，并不是所有的人都明白上述道理，教育的问题普遍存在着。

「3」

2017 年 8 月有则新闻报道称，因台风过境，南宁机场部分航班无法起飞。一群孩子在家长的“指导”下直接抢占了航空公司柜台，而家长们就在柜台边看着自己的孩子在柜台内玩闹。

新闻称，在南宁机场深圳航空的柜台内，9 名孩子聚在一起，围成一个圈，开心地玩游戏，玩闹的声音非常大，令人几乎无法清楚地听到周围其他声音。柜台外侧，有多位家长模样的乘客正与穿着红色制服的机场工作人员理论，场面十分混乱。

这则新闻也许能告诉我们，每个“熊孩子”的背后，往往会隐藏着“浑家长”。这则新闻中“浑家长”的“浑”主要表现在如下方面：

一是“绑架”孩子，为自己的诉求服务。飞机对起飞的天气要求很高，往往会因为风、雨、雪、霾等不可抗的客观因素，而暂时停飞，这本是民航常规操作。旅客遇到这样的境遇，只能说运气不好，而不能因此去埋怨机场，甚至“绑架”孩子去要挟机场提供超过规定的服务。再换个视角看，动用孩子去给机场方面施加压力，其本身不仅是不道德的，更给不谙世事的孩子以错误的引导：只要闹，就会有好的结果。

二是只顾利益，忘却了孩子。对于很多父母而言，孩子是他们的后半生，是他们最大利益之所在。仅仅因为飞机延误，家长们组团找机场讨说法，甚至纵容自己孩子的行为，这种“拿小放大”的行为的确令人不解。要知道，孩子出现一次不规范的行为，需要多次教育示范才能引上正道，小小的个人利益，与孩子的长远教育比起来，孰轻孰重？

「4」

据《北京晨报》报道，某领队在新加坡机场带团乘航班，廉价航空自由席登机是不对号入座的，所以登机的时候有很多中国游客为了抢好座位一拥而上，场面几乎失控。用餐后，全团客人又要把不锈钢刀叉“顺走”。

这个故事的确带给我们诸多反思：到底是少数成年人不守规矩，还是当年那些不守规矩的人长大了？

如果上面新闻中的旅客能够践行在其小时候接受的规范的教育，行有规范，也不至于去抢座位，去“顺走”餐馆的不锈钢刀叉。

如果再换个视角，这些抢座的旅客，他们又如何能教育好自己的孩子呢？人的成长最初就是从模仿开始的，他最初所模仿的对象，不是童年的伙伴，也不是幼儿园的老师，而是自己的父母。没有其他人比父母对孩子的影响更大，父母对孩子的影响是终生的、深刻的。

「5」

《旧唐书·魏征传》中说：“夫以铜为镜，可以正衣冠；以史为镜，可以知兴替；以人为镜，可以明得失。”

为人父母者，其实是一面镜子。如果你能做到行为世范，那么你的孩子就会温文尔雅、知书达理、行为规矩；相反，如果你的行为失范，那么你的孩子就会……可见，“坏孩子”往往都是我们自己培养出来的。

为人父母者，需要擦亮你这面镜子，因为孩子要以你为镜。

“弯道超车”的密码

「 1 」

某百科网站这样定义“弯道超车”：本是赛车运动中的一个常见术语，意思是利用弯道超越对方。现在这一用语已被赋予新的内涵，广泛用于政治、经济和社会生活的各个领域，其中的“弯道”，被理解为社会进程中的某些变化或人生道路上的一些关键点。

我经常看到有人写“心灵鸡汤”，说应该把寒暑假看成是学生补差的好机会，看成是自我超越和超越同学的好机会。甚至有人说，寒暑假是学生“弯道超车”的契机。

许多家长已经意识到了寒暑假是孩子学业成绩变化的关键节点，迫切期待孩子能通过寒暑假真正实现“弯道超车”，可实际效果又如何呢？

「 2 」

近日，因为要筹备期末家长委员会会议，我和四位家长在一起交流了半天。当我们谈到即将到来的寒假时，他们似乎都有一肚子的话要说。

A 家长说：“去年寒假 20 天，我的孩子几乎把玩游戏作为主业，我们家长害怕他到网吧上网出现安全事故，就让他在家里上网玩。他彻夜游戏，第二天早饭都不吃，沉睡半天，午饭后继续玩游戏。我们刚劝几句，他就说：‘都放寒假了，你们还不让我玩，难道等开学后再让我玩？’”

B 家长则有不同的苦衷：“在整个假期，我们夫妻俩给孩子制订了严密的学习计划，每天白天陪同孩子学习不少于 6 小时，晚上再学习 2 小时，看上去学习时间安排得非常合理，可开学后，孩子的成绩不升反降。”

C 家长接过话茬说：“你们只是在家里陪读，我可比你们辛苦多了，在寒假里给孩子报了数理化三科奥赛辅导，每天都要接送。和你们相比，我不仅仅要在不同的辅导机构之间穿梭，还付出了近万元的辅导费，可开学后，孩子奥赛成绩好像没有什么明显的进步。”C 家长叹了口气。

D 家长则说：“和你们相比，我就更不幸了，你们的孩子好歹目前成绩还不错，可我的孩子与习惯不好的孩子在一起‘疯’了一个寒假，开学后像换了个人似的，成绩一落千丈。”

「 3 」

上述四位家长的苦恼，让我不得不对孩子们的寒假状况进行了一次全面的反思：四位家长的孩子也许只是个案，但其“假期综合征”极具代表性。

A 家长属于“放任型”的，放任孩子玩游戏，结果是孩子在游戏的世界里越陷越深，不能自拔，开学后虽然到了教室，却“人在曹营心在汉”，说不定还会偷偷去网吧“过把瘾”。一个寒假的“放任型”管理，把学校对孩子一个学期的管理和教育成效降为“0”，孩子的成绩和品性自然就会走下坡路。

B 家长属于“严管型”的，虽然夫妻二人制订了严格的学习计划，也陪同孩子一起学习，但是，这位家长忽略了一个重要问题：寒假毕竟是寒假，在假期让孩子和在学校一样高强度地学习，在一定程度上剥夺了孩子休息和玩乐的权利。慑于父母的权威，孩子无法反抗，只能被动地学习，应付差事，兴趣锐减，学习效率自然就下降，不仅寒假没有大的收获，学习的“惯性”同时也会导致开学后学习效率的下降，成绩不升反降就是自然而然的事了。

C 家长属于“盲目型”的，显然这位家长认识到奥赛对于孩子未来发展的重要性，但是，他忽略了这么几个问题：孩子真的对奥赛感兴趣吗？即使孩子对奥赛感兴趣，同时开展三个科目的奥赛培训，孩子吃得消吗？更何况这是在寒假期间？

D 家长属于“失范型”的，没有对孩子的交友情况进行有效监管。萧伯纳有一句名言：“你有一个苹果，我有一个苹果，交流后还是一个苹果；你有一种思想，我有一种思想，交流后就是两种思想。”如果孩子假期交往的是不三不四的朋友，自然就会“你有一种坏习惯，我有一种坏习惯，交流后就是两种坏习惯”。

「4」

剖析了四位家长假期助推孩子“弯道超车”失利的原因后，我更想给几天后即将迎来寒假的家长们几点提醒：

玩乐有“限度”。即使在寒假，即使在喜迎新年的美好时刻，我们也应该引导孩子明了“玩物丧志”的道理。家长要引导孩子将学习和玩乐有机结合起来，学而有度，玩而有度，这样既能保证有效的学习，也能保证有效的玩乐。有一位家长，利用寒假将孩子带到老家，让孩子和爷爷奶奶一起到田野里施化肥，孩子把劳动当作游戏，培养了劳动能力，这也不失是一种好办法。

学习有“尺度”。家长要认识到寒暑假与平时在校学习的不同特征，学习时间不宜安排得过满，学习计划要和孩子一起制订，学习计划制订要以孩子能接受、能落实，家长能有效监管为前提。要谨防学习时间太长，孩子无法接受；防止学习内容过多，孩子无法落实；防止学习过程“空转”，家长无法监管。原则上每天学习不宜超过平时学校学习的二分之一，这样既能让孩子温故知新，又能保证孩子有一定的休闲时间，让孩子的寒暑假变成“快乐的驿站”。

拓展有“效度”。一些家庭条件较好的家长，和孩子到外地游学，这也是一种拓展的有效方式。但凡每逢寒暑假，各类培训蜂拥而至，家长往往会同时报几个培训班，导致家长和孩子比平时还要劳累，结果是孩子身心俱疲、兴趣消失、成绩下滑。因此，假期给孩子开展拓展培训要讲究效度，要严格按照“遵循孩子兴趣、尊重学习规律、尊重孩子意愿”的原则开展拓展活动，否则，“强扭的瓜不甜”，所谓的拓展也会失效。

交友有“法度”。初高中学生大多数尚未成年，往往是“站在成年的岸边”，这个年龄段的孩子抗干扰能力、抗诱惑能力相对较弱，明辨是非能力弱，如果家长放任他们去交一些习惯差、品性差的孩子，他们极易染上一些坏毛病，将会对开学后的学习生活甚至一生的发展产生负面影响。为此，在假期，家长要引导孩子正确交友，向学业成绩好的孩子请教，向学习习惯好的同学学习。

「5」

低效或者失效的教育都有其共同的特征：背离了孩子的个性，背离了孩子的意愿，背离了环境的变化。寒暑假的学生教育也是这样。

“弯道”既是超车的机遇期，同样也是危险期，孩子的假期教育也是这样：科学操作，就有实现“弯道超车”的可能；盲目操作，“弯道”不仅不能超车，甚至还有翻车的可能，各种“假期后遗症”就会接踵而至。

教育的每个阶段都不可替代，同样，孩子的假期教育是不可逆的，良好的假期教育在于：适切的规划，让孩子学有计划；适合的拓展，让孩子学有兴趣；适当的交友，让孩子学有良友；适度的管理，让孩子学有规矩。

这就是“弯道超车”的密码。

教儿婴孩

「 1 」

近来，我研读了南北朝著名教育家、文学家颜之推的《颜氏家训》，其中的一些教育理念，仍具有跨越时空的魅力，应为我们今天所借鉴，尤其是其所倡导的“教儿婴孩”。

在颜之推看来，要想把自己的孩子教育好，应该从小抓起，从小事抓起，否则就难以实现既有的教育目标。

「 2 」

《颜氏家训》中有这样一段文字：

吾见世间，无教而有爱，每不能然，饮食运为，恣其所欲，宜诫翻奖，应诃反笑，至有识知，谓法当尔。骄慢已习，方复制之，捶挞至死而无威，忿怒日隆而增怨，逮于成长，终为败德。孔子云“少成若天性，习惯如自然”是也。俗谚曰：“教妇初来，教儿婴孩。”诚哉斯语。

这段话的大意：我见过世上那种对孩子不讲教育而只有慈爱的做法，每每不能认同。孩子要吃什么、做什么，家长任意放纵孩子，该训诫时反而夸奖，应该责骂时反而欢笑，当孩子懂事时，他就认为这些道理本来就是这样。当骄傲怠慢已经成为孩子的习惯时，家长才开始去制止，即使用鞭子打得再狠毒也树立不起威严，再愤怒也只会增加怨恨。等到长大成人，这孩子也最终成为品德败坏的人。孔子说：“从小养成的就像天性，习惯了的也就成为自然。”这是很有道理的。俗谚说“教儿女要在婴孩时”，这话确实有道理。

「 3 」

种瓜得瓜，种豆得豆。“问题孩子”不是天生的，往往是“问题教育”的结果。《颜氏家训》中所列举的上述教育现象，其教育方式主要存在以下问题：

一是“放纵的教育”。“饮食运为，恣其所欲，宜诫翻奖，应诃反笑”，指的就是无原则的放纵式教育。在孩子很小的时候，家长因为心疼孩子，一直对孩子百依百顺，应当批评的时候反而赞美，应当呵斥的时候反而笑脸相迎，这样就会给孩子带来一个价值观上的错觉：我所做的一切都是对的。

二是“粗暴的教育”。当孩子大了以后，家长发现孩子身上的种种错误，不得不采取一些强制措施去处罚孩子，要么责骂，要么毒打，但这时候的粗暴手段不仅没有带来教育的正面效应，反而招致孩子的埋怨。久而久之，教育失效，父母失威，与子女之间关系日趋紧张，心藏怨恨的孩子不仅学业无成，甚至会成为道德败坏的人。

三是“过期的教育”。世上万物都是有期限的，教育也是这样。这就像一瓶罐头，在有效期内它是美味佳肴，过了有效期，就可能是毒药。教育的每个阶段都不可轻慢，否则就会与你的教育初衷背道而驰。在孩子小时候是“恣其所欲”，而当孩子大了发现问题后则是“捶挞至死”，对不同时期孩子的教育“冰火两重天”。“恣其所欲”和“捶挞至死”都是过期的教育，都是教育的失当。

「 4 」

针对家庭教育中的种种问题，一千多年前的颜之推很前卫地提出了“教儿婴孩”的主张，意思是教育要从娃娃抓起。“教儿婴孩”需要家长认同以下观点：

家长，应当“岗前培训”。在抚养孩子方面，年轻的父母大多有一定的思想上、经济上的准备。而对于教育，年轻父母却往往存在误区，他们常常是边学边做，更多地是从爱心出发，而不是从教育的规律出发去教育孩子。更有甚者，有的父母认为，教育是学校的事情，其实，孩子一生下来就应该开始接受教育，如果你把孩子接受教育的起点定位为小学一年级，其实你已经让教育延宕了至少六年。在我们国家，各级各类学校很多，但专业的家长学校却很鲜见。如果年轻的父母没有培训就“上岗”，“教儿婴孩”也只是一纸空谈。

教育，应当顺应规律。这里的规律包括儿童的个性、兴趣、基础以及教育自身的规律。换言之，世界上还没有一把教育的万能钥匙，能打开不同孩子的“心锁”。就孩子发展本身的规律来说，每一阶段都有不可替代的意义：当孩子在幼儿园阶段，其绘画、音乐、运动的天赋是明显的；当孩子在小学高年级阶段，其数学思维等优势会凸显出来。教育就应该顺应这样的规律，而不是在幼儿园阶段教他学认字、学算术、学写作。另外，不同儿童在不同阶段所彰显的特长又各不相同，这需要我们研制不同的钥匙，去打开不同的“心锁”。

教育，应当从小抓起。颜之推的“教儿婴孩”更多的是指儿童的品性教育。其实，教与育是不可分的：教，更指向学问；育，更指向品德。以一个孩子小学阶段求学经历为例，其重要程度应该是金字塔形的，换言之，最重要的是一年级；同理推之，初中阶段最重要的是初一，高中阶段最重要的是高一。道法自然，教育如植树，在树苗比较小的时候，剪枝、打杈、育直都相对比较容易，但当小树苗长成了参天大树，你再想做这些修整工作比登天还难。

「5」

我常常遇到这样的家长，他会说：“我孩子在初中的时候成绩特别好，可一到高中就成绩下滑。”影响孩子成绩提升的因素很多，但很重要的原因可能就是这个孩子在初中虽然成绩很好，但也有许多坏习惯，恰恰因为其成绩好，坏的“特性”没有引起家长和老师的注意；而到了高中，伴随着竞争的加剧，孩子的弱点暴露无遗，自然就影响到了成绩。

我举这个例子是想说明，“教儿婴孩”中的“婴孩”，其内涵是丰富的：可以指孩子的童年，也可以指教育的细节，同样可以指孩子成长过程中的小问题、小毛病、小过失。要知道，大是小的集合，小是大的成分，“教儿婴孩”的理念告诉我们：教育，要从小抓起，从小事抓起，从小节抓起。

鲁迅先生曾呼吁“救救孩子”，对于教育而言，也需要“救救孩子”，因为——“教儿婴孩”！

孟母三迁，“迁”了什么

「 1 」

高一招生刚结束，许多家长通过各种途径打听分班的情况，特别关心自己的孩子能否分到相对好一点的班级。

今天上午，我在办公室接待一位家长，她向我讲述了培养孩子的艰辛：为了能让孩子上一个好的小学，她放弃在上海外企工作的机会，就在学校附近租房子做小生意陪伴孩子六年；为了能让孩子到一所心仪的初中上学，她提前三年贷款买了学区房；为了挣钱还贷，她连参加孩子家长会的时间都没有……

这位家长还告诉我，她最佩服的是孟子的母亲，给她印象最深刻的是孟母三迁的故事。

她培养孩子的经历，让我的敬意油然而生。

我很好奇地问她：“您先生是从事什么工作的？”她一开始迟疑了一下，后来告诉我，她已经离异三年多了。三年前，他们不停地争吵，不停地分分合合，最后只好选择离婚。

「 2 」

上文中家长提到的孟母三迁的故事，出自西汉刘向的《列女传》：

邹孟轲母，号孟母。其舍近墓。孟子之少也，嬉游为墓间之事，踊跃筑埋。孟母曰：“此非吾所以居处子也。”乃去，舍市傍。其嬉游为贾人炫卖之事。孟母又曰：“此非吾所以居处子也。”复徙舍学宫之傍。其嬉游乃设俎豆，揖让进退。孟母曰：“真可以居吾子矣。”

短文大概意思是，孟子和母亲最初住在墓地附近，孟子和小朋友们玩起了办理丧事的游戏。母亲将家搬到了集市附近，孟子学了些商人做买卖的事情。母亲不得不第二次搬家，将家搬到了学校附近，孟子学会了许多礼节，母亲这才放心。

「3」

既然家长提到了这个故事，我就问家长：“那您从这个故事中获得了哪些有益的启示呢？”

家长说，天下父母的心都是一样的，都是想给孩子提供一个好的学习环境，孩子也只有在良好的学习环境中，才会有更好的发展。

「4」

这位家长的故事让我想到了七年前张同学的家长。

张同学是我们班的语文课代表，文字功底好，非常懂事。有一次，我让每个学生给父母写一封信，目的是培养他们的感恩之心。

这个孩子在信中写道：“可是我知道，这个世界上有些东西是永远无法置换的，就像他是我的父亲，而我永远是他疼爱的‘臭小子’；就像我不管怎样飞奔着去爱他，都无法赶得上时间催他老去的步伐，也无法抵得上他曾经给过我的万分之一的呵护。”

在随后的期中考试主题班会上，我一边点击着课件，一边对家长们说：“下面，我给大家展示一位同学写给父亲的文字……”

张同学的父亲在会场泪眼婆娑。

班会后，张同学的父亲表示，从今以后再也不去打麻将了，也不再涉足舞池，更不去喝酒游乐，要将更多的精力放到培养孩子上。

从那以后，在学校的南大门，每天晚上都会出现这位家长的身影，晚自习结束，他会陪着孩子步行回家，直到高考结束的那一天。

「5」

两位家长为了孩子的发展，都做了一定的牺牲：前面的那位家长，为了孩子能上好学校，放弃了在大城市外企工作的机会，做小生意以维持生计，甚至贷款高价购置了“学区房”。后面的那位张同学的父亲，为了孩子的高考，放弃了打麻将、跳舞、喝酒等爱好，一心一意陪伴孩子备战高考。

如果进一步对比，张同学的家长更值得我们称道，因为他明了这样的道理：陪伴也是教育，陪伴意味着沟通，陪伴意味着和谐，陪伴意味着认同与支持；示范同样是教育，家长是孩子的镜子，孩子是家长的影子。

我们又怎么能奢望一个整天把打麻将、跳舞、喝酒作为“必修课”的家长，能给孩子一个正确的教育引领呢？

「 6 」

那位高一学生家长，仅仅把教育的保障定位在给孩子找一个好学校、一个好班级，并且把她的努力与孟母三迁关联到一起，显然，她只是简单地认识到环境对孩子成长的重要性。

其实，学校和班级对孩子的发展的确很重要，但是比这更重要的还有许多。我们姑且再以孟子为例来说明。

首先，孟子有一个深明大义的母亲。古书中记载了关于孟母教子的孟母三迁、买肉啖子、断机教子三个小故事：孟母三迁，是在为儿子营造良好的学习环境；买肉啖子，是在为儿子树立诚信的榜样；断机教子，是在引导儿子做学问不要半途而废。

其次，孟子学习注重知行合一。青年孟子曾先后到诸国游学、游说，践行自己的政治主张，与孔子一样，他力图将儒家的治国理念转化为具体的国家治理主张，并推行于天下，提出了“仁政”“君舟民水”等著名主张。

「 7 」

孟子能够成为一代大儒，其成功的原因很多很多。但就孟母三迁这个故事来看，至少有三点值得我们借鉴：

一者，教育环境很重要。无论是墓地，还是集市，都不具备孩子成长的理想教育氛围。孟母不断搬家，就是在为孩子营造好的教育环境。

二者，价值判断很重要。正因为环境对孩子的发展起到非常重要的作用，所以我们的家长要有对环境的优劣进行正确判断的能力，如果我们对周围环境熟视无睹，环境对孩子的潜移默化影响就会显现。

三者，习惯培养很重要。孟母之所以不断搬家，就是害怕孟子养成嬉戏的习惯，养成炫卖的习惯。当家长对孩子玩手机、玩游戏等行为漠然处之的时候，你即使给孩子选择了再好的学校、再好的班级，又有什么意义呢？

可见，孟母三迁，“迁”的不仅仅是教育环境，也是对理想教育的追求；“迁”的不仅仅是教育环境，也是对习惯养成的期待；“迁”的不仅仅是教育环境，也是对身教重于言传的认同。

「 8 」

前文中那位高一学生家长，指望通过给孩子提供一个好的教育环境，就能促进孩子快速发展，这愿望当然是好的。

但是，她忘却了这样的一个基本事实：父母本身就是教育资源，当她和先生每天争吵的时候，会给孩子幼小的心灵留下怎样的阴影？当她忙于生意无暇参加孩子的家长会时，又如何形成教育的合力？孟母三迁的故事，弥漫着教育的情怀。再好的教育案例，也需要我们正确地解读。简单的类比，可能就是误读！

今天的家长朋友，都应该有这样的自信：父母是最好的老师，亲情是最好的营养，餐桌是最好的课桌，家才是最出色的学校！

断机教子，“断”了什么

「 1 」

几天前，我应约在办公室与李同学的家长谈她孩子的教育，她讲述了教育的苦恼：孩子的成绩起伏不定，但总的趋势是不断下滑。

我问她，孩子回家有没有什么不好的习惯。

她说：“如果说有什么不好的习惯，就是每天晚上回家后要玩一小时的手机，要是周末，更是捧着手机不放。”

我说：“那你为什么不干脆彻底禁止她玩手机呢？”

她说：“一方面，在我看来，她在学校学习已经很紧张，回家玩玩手机也情有可原。另一方面，我也曾经尝试禁止过，但效果很不理想，导致我们母女关系紧张。在那一段日子里，只要一提到手机，提到学习成绩，她就会非常生气……从那以后，我们就约定，回家可以玩一会儿手机，只要每天不超过一小时即可。”

「 2 」

这位母亲的苦恼，非常有代表性。对于孩子玩手机，家长无非有三种选择。

选择一：不闻不问。明知孩子玩手机害处多多，但迫于种种原因，家长不敢干涉孩子的不当行为。这样的不正常现象，或者发生在“溺爱型”家长身上，认为凡是孩子所做的都是对的；或者发生在单亲家庭，夫妻离异，父母总觉得有愧于孩子，对孩子的不良行为不敢过多地干涉，只能听之任之。

选择二：适度干预。就像上文李同学的家长，这类家长一般是和孩子达成所谓的“君子协定”，就是允许孩子每天玩一段时间的手机。这样的家长自认为孩子玩手机是可控的，其实，可控的是玩手机的时间，而非手机对孩子的负面影响：表面上孩子只玩了一小时的手机，其负面影响却远不止一小时。

选择三：严格管控。这样的家长，不仅非常自律，而且从小培养孩子爱读书、爱运动的好习惯，让孩子远离手机，并会和孩子约定：等你考上了大学，会给你买一部品质好的手机。

“就目前我所了解到的情况，第二种情况偏多，而第一、第三种情况偏少。”我对李同学的家长说。

这位家长说：“的确，我们也知道让孩子每天玩一定时间的手机，这对孩子成长不利，但是，孩子大了，又处于叛逆期，如果操之过急，就会走向反面，一旦和孩子形成对抗，其后果是我们难以承受的。更何况，她玩手机也不是一天两天的了，从小学就是这样过来的！”

「 3 」

看着她无可奈何的样子，我问她：“你听说过孟子母亲断机教子的故事吗？”她摇了摇头。

我当即找来这个故事，并打印给她看：

孟子之少也，既学而归，孟母方绩，问曰：“学何所至矣？”孟子曰：“自若也。”孟母以刀断其织。孟子惧而问其故。孟母曰：“子之废学，若吾断斯织也。”孟子惧，旦夕勤学不息，师事子思，遂成天下之名儒。

孟子小时候有一次放学回家，他的母亲正在织布，问他：“学习怎么样了？”孟子回答说：“跟过去一样。”孟母就用剪刀把织好的布剪断。孟子见状害怕，就问他母亲为什么。孟母说：“你荒废学业，如同我剪断这布一样啊。”孟子听后吓了一跳，自此，从早到晚勤学不止，拜子思为师，终于成了天下有名的大儒。

「 4 」

当这位家长仔细读完我打印的文言文和译文后，我问她：“断机教子的故事给了你哪些启示？”

这位家长犹豫了一下，感慨地说：“孟子母亲的做法的确让人敬佩，可我却很难做到，这也正是我苦恼的地方。”

接着，我就和她交流断机教子的故事带给我们的启发。断机教子这个故事至少给我带来三点启示：教子要趁早，要讲究技巧，要当断则断。

「5」

教子要趁早，这是断机教子的故事给我们的第一个启迪。

孩子在幼年时，心智尚未成熟，教育引导难度相对要小一些，断机教子的故事恰恰发生在孟子年幼时，孟母选择的时机非常恰当。

而反观一些家长，他们认为小学生学业压力小，玩玩手机也无妨，以至于无论在地铁、高铁，还是在超市、游乐场，几乎每个孩子都手持一部手机，乐此不疲。在“低头族”中，未成年人已经占了相当大的比例。

长此以往，当孩子长大了，我们再引导他不玩手机已经晚了，这就是“少成若天性，习惯如自然”所蕴含的道理。可见，错过时机的教育，也是教育的大忌。

「6」

教子要讲究技巧，这是断机教子的故事给我们的第二个启迪。

面对孟子荒废学业的行为，孟母没有大声呵斥，而是通过剪断刚织好的布的行为，告诫孟子：荒废学业，无异于剪断已经织好的布，半途而废，自毁前程。

我的一位同事看到读高二的孩子因为玩手机而学习成绩急剧下降，就和孩子约定：从当天起，父亲开始戒烟，儿子开始戒手机，父子俩相互监督，一起进步。两年之后，儿子考上了心仪的南京邮电大学，父亲再也没有碰过烟。

“其实，一开始，我根本不相信他能不再玩手机；他也不相信，我会戒掉抽了 28 年的烟。”同事感慨地说。

试想一下：若家长整天捧着手机不放，却要求孩子不沾手机，这样的教育怎么会达到预期的效果？要知道——“长大后，我就成了你”。

「7」

教子要当断则断，这是断机教子的故事给我们的第三个启迪。

面对孟子荒废学业的行为，孟母没有犹豫，没有彷徨，没有心疼织好的布，而是用自己的行动表明决心，引导儿子不要半途而废，不要荒废学业。

而有一些家长，在教育孩子时，过多地顺从了孩子的感受，害怕自己的行为会引起孩子的不适。其实，父母是孩子的镜子，我们的一言一行无不带给孩子深刻的影响。面对孩子的不当行为时，我们的犹豫、彷徨，等于在向孩子发出错误的信号，这难以给孩子正确的价值引领，甚至会错失教育的良机。

「8」

手机之害，其害多多：青少年长久地把玩手机，会引发近视等视力问题；网络信息良莠不齐，会误导青少年学子；沉迷电子游戏，会让青少年难以自拔；线上聊天，不仅会助长早恋现象，还存在诸多的安全隐患……

正因为如此，我们呼吁更多的家长像孟母断机教子那样，抓住时机，讲究技巧，当断则断，让孩子能在健康的环境下自由地成长。

因为，孩子是我们的希望；而教育，再难有回头的路。

镜子和影子，哪一个应该更亮

「 1 」

最近我看到一篇文章，里面写了两个案例。

案例一：

内蒙古某商场内，一个男孩不小心打翻了手中的粥，虽然商铺的人表示，保洁员会来打扫，但是妈妈说："自己做的事，要自己承担打扫责任。"于是，男孩仔细把地面擦拭干净，把东西扔到垃圾桶后才离开。

案例二：

一位妈妈带着孩子坐地铁，孩子喝牛奶时，不小心倒了一地。孩子弯腰正打算收拾，妈妈却拦住了他："会有保洁员来的。"然后，她带着孩子换了个座位。

两则案例，都是"熊孩子"犯了小小的错，但两位母亲的处理方式截然不同：一位母亲引导孩子学会担责，自己的问题自己处理；另一位母亲则对孩子所犯的错误漠然处之，甚至阻拦孩子自我纠错。

「 2 」

有人把父母和孩子的关系比喻成镜子和影子：家长是孩子的镜子，孩子是家长的影子。

既然家长是孩子的镜子，那么这个镜子就应该更加明亮，才能真正成为孩子的榜样；既然孩子是家长的影子，那么家长的形象则更加重要，因为身子都不正，那又怎么去要求影子正呢？

上面案例二中的母亲就没有当好"镜子"，她不仅浪费了一次绝好的教育契机，还给了孩子这样的暗示：你可以犯错误，且不需要去纠正错误；犯了错误无须担责，有人会帮你处理。

「3」

最近几位家长不断到我办公室打听高一分班事宜，一心期望孩子能分到实验班。和其中一位父亲的对话，引发了我的深思。

他反复强调自己的观点：“女儿是非常优秀的，只是家长没有做好。”

我问他：“那你能说出你孩子优秀的具体表现吗？”他就给我列举诸如孩子知道关心长辈、学习非常刻苦之类的例子。至于中考成绩不理想，他则推脱说是女儿考试期间身体欠佳，没有发挥好而已。

当我说“孩子选怎样的班级，取决于孩子的现状，适合的就是最好的”，他又找出这样的理由：“初中时，女儿有几个好朋友，本来成绩和她不相上下，按分数都将分到实验班。如果我的女儿分不到实验班，一来她会很自卑，二来她也无法和好朋友共同进步，要知道，好朋友对女儿的影响是很大的。”

「4」

其实，这位父亲的教育哲学中至少在四个方面存在认识的误区。

没有厘清父母影响的因果关系。一句“女儿是非常优秀的，只是家长没有做好”，暴露了家长对孩子的不了解：既然孩子是优秀的，为什么学业落后于其他同学？既然孩子是优秀的，为什么中考成绩和平时有这么大的落差？再换个视角看，没有做到位的家长，孩子又如何“优秀”起来？

对影响学习的内外因关系理解错位。学习环境毕竟是孩子发展的外因，起主要作用的还是孩子本身。如果学生的学习能力过弱，上了本不该上的班级，不在教师教学针对的范围内，对这个学生也是不公平的，他的成绩也不会有效地提高。

过分在乎孩子所谓的自尊。失败是成功之母，失败更是人生的必修课。从高中教学实践看，分层教学有利于提升教学绩效。如果我们过于在乎孩子所谓的自尊，其实就是在迁就他的不足，也让他错失一次警醒的机会。

夸大了所谓朋友的影响。这位家长以女儿要和好朋友在一个班级为由头，要求把他们分到一个班级，看似有一定的合理性，但经不起推敲：一来，好朋友之间成绩差距很大，这已经说明朋友对这孩子影响有限；二来，必须和好朋友在一起才能促进学习，这个理由也是站不住脚的，谁又能保证三年后几个好朋友都能考到同一所大学、同一个专业、同一个班级？如果不是这样，难道她就无法继续学业了？

「5」

也许有读者会问：那这位父亲的教育问题到底出在哪里？

在我看来，除了上面分析的四个表现外，这位家长对孩子缺乏真正的了解，“对自己的孩子看不清”，溺爱多于引导；缺少对教育规律的认识，对孩子发展内外因关系认识不清；没有正确对待孩子的挫折，没有把挫折看成是人生的宝藏……

还有一点非常重要，就是家长没有让他这面镜子更亮。

「6」

中国的探月工程是一个系统工程，一枚运载火箭都要由上万个零件组成，任何一个零件或者焊口的缺失，都会让月球探测卫星的发射前功尽弃。

同样，孩子的教育是一个系统工程，家庭教育不可或缺，家庭教育的些许不足，类似于零件或者焊口的缺失，都会给孩子的发展带来难以估量的影响。

因此，家长这面镜子，应该始终是明亮的。

「7」

如何让家长的这面镜子始终保持明亮的状态？

一面镜子，要想始终明亮，至少需要三个基本条件：一是要有好的材质，变形的镜子是难以明亮的；二是经常擦拭，才会明亮如新；三是要放在有光亮的地方，才能折射出更明亮的世界。

受镜子的启示，作为家庭教育的主体，父母也应该从三个方面去努力。

「8」

有好的材质，镜子才会更明亮——这就启发我们，要处处做楷模，因为家长是孩子的镜子：你怎样，孩子就会怎样；你是什么，孩子便是什么；你是明亮的镜子，孩子才可能会是更加清晰的影子。

经常擦拭，镜子才会明亮如新——这就启发我们，在教育孩子的过程中，要经常反思教育的得失，反思就像擦拭，会让我们的教育方式更加优化，会让我们的教育路径更加合理。

镜子放在有光亮地方，才能折射出更明亮的世界——这就启发我们，在教育孩子的过程中，要保持良好的心态，既急不得，也等不得，埋怨、责难也无济于事，只有用我们的阳光，才能去照亮孩子的前程。

镜子和影子，哪一个应该更亮？你说呢？

教育之殇，往往就从你的越界开始

「 1 」

最近，我看了人民教育出版社的微信公众号发布的一篇文章：《致家长：教书的是老师，但育人的一定是父母！》。文中的一些观点引起了我的共鸣，现摘录几句：

家长支持老师，不护短，教育才有力量；老师管教学生，不姑息，孩子才有未来。教育最需要的不是家长的监督、责怪与质疑，而是安静的支持。家长支持老师，其实也是在支持孩子的成长。

这篇文章引发我的思考，是有一定原因的。开学之初，我远离故土，暂居江南。在我的心目中，这里环境优美，经济发达，因此家长的素质一定都很高，教育环境一定很好。但一次外出听课的经历，让我多了几许疑问。

「 2 」

上周，我搭乘几位同仁的车，到南京外国语学校去参加教研活动。他们来自区内的三所不同的学校，整个行程大约一小时，他们一路上都在讨论现在的班主任太难做，尤其是小学的班主任。他们路上所讨论的素未谋面的几位家长给我留下了深刻的印象。

学生 A 的家长是个“护短控”，她的孩子非常调皮，每天在班里都会和同学发生冲突，甚至动手打其他孩子。当班主任和她沟通时，她总会说那是别的同学的错，“更何况，我们家的孩子并不是刻意打人，只不过想引起别人的注意”。不仅如此，她还顺带“教育”了一下班主任：“你们做老师的要在多鼓励孩子上下功夫，多给我孩子表现的机会，以后他和其他同学发生冲突的情况就少多了。”

学生 B 的家长是个“奖励控”，在她的眼中，她家孩子一切都是优秀的。学校组织学生参加区里的书法比赛，每个班限额三人，当她家孩子没有被选上时，她立即打电话责问班主任："我们家孩子上学期还获奖的，今年为什么没有被选上？"言下之意，她对这次班级预选参赛人选似乎有点意见。

学生C的家长是个"规范控"，言必称素质教育，老师布置作业，必须经过她的审核。一旦作业略多一点，她就打电话向老师抗议，甚至扬言要向校长举报老师。

学生D的家长是个"补课控"，每天一放学，就会带着孩子到培训机构去补习，还经常拿托管机构的题目来问老师："这么好的题目你们为什么不讲？"不仅如此，她还把老师的课堂教学和托管班的所谓教学进行比较，让你顿时无语。

「 3 」

教育的南北差异还是非常大的。在我老家，家长把孩子送到学校，似乎很少关心孩子在学校的事情，不会因为孩子被老师偶尔的惩戒而致电班主任问个究竟，不会评估老师的课堂教学的优劣，不会将孩子送到形形色色的托管班，更不会对自己孩子所犯的错"护短"……

家长这看似"不关心"的背后，却是对教师教育的认同，是对教师教学能力的信任，是对学校教学模式的肯定。从某种意义上看，这看似"不关心"的背后，其实是一百个放心，是最大的关心。

「 4 」

而在这座小城里，家长的关心似乎早就越过了边界。

家长不仅关心孩子的学习，更关心孩子在学校的生活情况：是否被同学欺负了？是否被老师惩戒了？家长不仅关心孩子的素质，更关心老师的素质：是刚刚毕业的新教师，还是经验丰富的老教师？老师的课堂教学是否高效？家长不仅关心孩子的课堂学习，更关心孩子的课外学习：作业是否超量了？

家长看似"非常关心"的背后，隐含着对学校教育的"怀疑的目光"，隐含着对学校安排教师的"挑剔的目光"，隐含着对教师课堂教学的"不信任的目光"。

「5」

教育需要有“边界”意识，家长如果对教育过度关心，有可能会越过应有的边界。

它超越了家校的边界。安排教师执教某个班级，是学校的基本管理事务，如果少数家长为了自己孩子能安排个好老师也参与了进来，裹挟着极少数家长意见的学校管理，极有可能打破原有的布局与平衡。

它超越了教育的边界。“教”的甲骨文作为一个会意字，右边是一只手拿着一根教鞭（攴）；左下方是一个“子”字，表示小孩；“子”上是两个交叉符号（爻），表示鞭打的痕迹；整个字形表示一个人手持教鞭在教育小孩。可见，中国古代就主张教育要有适度的惩戒，没有惩戒的教育是不完整的教育。而过度关心孩子是否被惩戒，其实是没有完整理解教育的内涵。

它超越了专业的界限。教育是专业性很强的科学，从事教育的专业教师，一般在师范类高校进行了至少四年的专业训练，家长把学校的教学和托管班的所谓教学进行简单的类比，并把这作为评判老师好坏的标准，其实早已跨越了专业的界限。

「6」

我一直在思考：家长的“不关心”，就是最大的关心，因为他和学校、老师始终保持适度的距离。而一些家长的“关心”，其实质就是跨越不该跨越的界限，就是在用业余的水准去指导专业的团队。

家长过度“关心”学校教育危害多多：其一，混淆了业余和专业的概念，教育是专业的艺术，如果家长过度“关心”，会不会出现用业余水准去指导专业团队的情况？其二，模糊了家长的职责，家长更多的职能是给孩子做示范，培养孩子的习惯，重视孩子的教养，而不是仅仅把目光盯着学校。其三，束缚了学校和老师的手脚，由于担心被“越界”的家长指责，教师在教育过程中处处小心，如履薄冰。其四，危及了家校关系，让学校与家长、教师与家长互不信任，难以建立良性的家校关系。

「7」

昨天中午我和一位家长交流孩子的教育。这位家长问我：“我们家长到底要不要关心孩子的学校教育呢？反正我很焦躁。”

我这样回答她：“当然要关心，但不要过度。”

她又问：“那这个‘度’又该如何把握呢？孩子还小，多一点关心不是更好一些吗？”

我说：“比方说，你是一名厨师，顾客让你炒一盘土豆丝，你原本是好意，放了许多油，炒土豆丝最终变成了炸薯条，你说你的做法是正确的还是错误的呢？这就是‘油多也坏菜’的道理。”

「8」

厨师炒菜出现了问题，可以重新再来，但教育是不可逆的过程，我们无法让孩子再拥有一个童年。

但愿我在车上所听到的案例都是“道听途说”，但我依然要说，如果我们不想毁掉一个孩子，那就要守住自己的界限：做老师的，要爱生如爱子，尊重教育规律，科学施教；做家长的，要以身示范，培养习惯，关心而不过度，关爱而不越界。因为万物皆有度，道法自然，“油多也坏菜”。

更因为，教育之殇，往往就从你的越界开始……

踩不碎的“苹果”

「 1 」

《伊索寓言》中有一则故事——《大力神与智慧神》：

一天，大力神赫拉克勒斯正沿着一条狭窄的道路行走。这时，他看到前面的路上有一个像苹果的东西，他在经过时便用脚跟踩了上去。

令赫拉克勒斯惊讶的是，这东西没有被踩碎，反而体积增大了一倍。于是他用棍子重击了它，结果它膨胀成一个庞然大物，堵塞了整条路，赫拉克勒斯非常惊讶。

就在这时，智慧神密涅瓦出现了，对他说：“让它去吧，我的朋友！在你面前的是‘不和苹果’。要是你不去乱动，它仍会像开始时那么小；但要是你对它动武，它就会膨胀成你看到的那个东西。”

《大力神与智慧神》的故事，让我们对今天的家庭教育有了诸多的反思。

「 2 」

在教育过程中，面对“不和苹果”，面对形形色色的“神兽”，大部分教师还是属于“智慧神”型的。

刚放寒假的时候，我看到了一位老师的“朋友圈”：“‘神兽’已经出笼，各回各家，各气各妈。在学校怎么折腾老师，回家就怎么折腾爸妈。”

“整整20天，愿你们母慈子孝，千万不要鸡飞狗跳。午饭记得烧，作业记得交，谈话要和蔼，逆反不能叫，记得面带笑。”这位老师继续调侃。

从这两段文字中，我们看到了教师的无奈：他们常常被孩子们“折腾”，却“记得面带笑”；他们谈话很和蔼，防止出现“鸡飞狗跳”；他们面对青春期的孩子，做到了“逆反不能叫”……

看似无奈，其实他们是在遵循教育的基本规律：以思想引领为主，因为他们明了“教育就是心育”的道理；以言语劝导为主，因为他们明了“墙推倒了就是桥”的道理；以典型示范为主，因为他们明了“榜样的力量是无穷的”的道理。

总体而言，老师们都能和“神兽”和平相处；一些家长则不然，他们面临着教育的难言之隐。

「 3 」

就在前几天，我看到一篇文章记述了“虎爸”与“神兽”的交锋，过程就像寓言中的大力神用脚跟踩那个像苹果的东西，结果是“它膨胀成一个庞然大物，堵塞了整条路”。

当这位家长和孩子诉说养儿不易时，儿子却一脸木然；当他和孩子谈读书如何重要时，儿子却不以为然；当他让孩子远离手机时，儿子却表情愕然，并反问他能否远离手机。

此后，他们发生了激烈的言辞交锋，他批评孩子的每一句话，孩子都以更加激烈的语言回敬他，情急之下他动了手……从此，父子形同陌路。

这位父亲不得不变换了策略：趁孩子吃饭的时候，朗诵令人声泪俱下的情感散文；看到了感人的视频，就和孩子一起观看……在一系列策略之后，孩子才默默地捧起了书。

这位“大力神”型家长的理性回归，也从一个视角引起我们的思考：“棍棒底下出孝子”式教育，是不是已经过时了？

「 4 」

现代社会中鲜见“武力”教育下成功的案例，更多的是在“大力神”型家长的教导下，孩子武力对抗家长者有之，自暴自弃者有之，性情暴虐者有之，离家出走者有之……

为什么“棍棒之下”再难出“孝子”？

就像寓言中的“大力神”，一心想用“脚跟”去踩“不和苹果”：“踩”的本身并不是教育，而是自上而下的压制；“踩”的本身并不是教育，而是对父母特权的维护；“踩”的本身并不是教育，而是对正常家长与孩子关系的曲解。

这样看来，“棍棒”与“出孝子”之间缺少必然的逻辑，那么，严师能否出高徒呢？

「 5 」

严师的“严”，与“大力神”的“踩”有本质的不同。

严师的“严”，是倡导师道尊严，引导孩子要敬畏老师；严师的“严”，是倡导严格要求，引导孩子求学要心无旁骛；严师的“严”，是教师的严肃对待，对待孩子的学业，对待孩子的成长，对待孩子的未来……

这样分析下来，严师与高徒之间就有了必然的联系，因此，严师也是“智慧神”的彰显。

「 6 」

对“不和苹果”，为什么不能踩？

因为教育是一种“曲径通幽”的艺术，大凡艺术都是讲究路径的；因为教育是一种“精耕细作”的技术，大凡技术都是讲究精细的；因为教育是一种“推心置腹”的大爱，大凡情感都是讲究沟通的。

“不和苹果”之所以不能踩，还有一个重要的原因：一脚踩下去，苹果“反而体积增大了一倍”，甚至会“膨胀成一个庞然大物，堵塞了整条路”……

到了这个时候，沟通失灵了，教育失灵了。

为此，教育应该远离“大力神”，更需要密涅瓦，需要“智慧神”。

温暖如初

「 1 」

清明我回老家，一个亲戚发来求助信息说，父女矛盾再一次升级。我和妻子匆匆赶去。

我们推开房门，最先映入眼帘的是满地的废纸。孩子爸爸解释说：“我实在忍不下去了，早晨我上班时，她看的是这几页的课文；晚上下班，她看的仍然是那几页的课文，还在偷偷玩手机。我实在忍无可忍，才把她的书本撕了，还动手打了她一下。”

这位爸爸突然蹲在地上，喃喃自语：“我实在不明白我拼命工作的理由，孩子读书不争气，已经让我看不到任何希望。”

「 2 」

说实在的，我很同情这个女生：都高二了，十七岁的女孩子，还因为学习问题被爸爸打，不知道这样会不会给她留下心理阴影？

另一方面，这位爸爸的处境，也让我感到无奈：作为一名公务员，他拼命地工作，从某种意义上看，更多地是想为孩子的未来提供一个好的家庭环境，可孩子偏偏不尽如人意，还把看手机作为“主业”，他又怎能不生气？

这样的家庭教育好似一个样本，不是孤立地存在的，尤其在上网课期间，我听到许多家长诉说对孩子教育的无奈，有的家长甚至感叹：“再不开学，‘神兽’不归山，我就要归西了！”

其中虽然有些调侃的味道，但也从一个侧面暴露了家庭教育的种种无奈、种种焦虑，甚至有的家长跟我说：“我不得不放弃。”

「 3 」

再回到刚才那个案例，孩子问题的形成，原因其实是多方面的。

这个孩子童年的教育是失范的，她上小学前是爷爷奶奶带大的。隔代的溺爱，给孩子种下了任性的种子；本土的方言环境，让孩子缺少普通话的语境；优越的家庭环境，让孩子失去了向上的动力……

这个孩子的小学、初中教育同样没有走上正轨。妈妈忙着上班，孩子受教育的时光更多地是在学校和辅导机构度过的；爸爸忙着到乡镇工作，有时候一周难得回来一天，父女的交流更多地是在匆匆的告别中，即使有短暂的交流，主题往往只有一个：学业成绩。

过程的缺失，导致了今天的困境：孩子的成绩越来越差，父母的脾气越来越大，父女沟通的渠道越来越窄，家庭矛盾越来越多。

当孩子教育出问题时，我们还真不能埋怨孩子，因为每一棵大树，都源自当年的种子；有什么样的种子，就有什么样的植物。这里所说的种子，不是生物学的基因，而是精细化的教育过程。精细化的教育，需要我们在教育环境、教育共振和持续关爱上想办法。

「 4 」

教育环境关乎孩子的发展前景。

《晏子春秋》中说："婴闻之，橘生淮南则为橘，生于淮北则为枳，叶徒相似，其实味不同。所以然者何？水土异也。"晏婴的一句"水土异也"，道出了教育环境对孩子成长的重要性：不同的教育环境，会培养出不同的孩子，当孩子的教育出现问题时，我们更多地是要从其教育环境中寻找答案。

父母天天吵架，就给孩子营造了冷漠的环境；父母喜欢走捷径，就给了孩子"世界上有近路"的误导；父母喜欢与手机同行，孩子也会无形中跟着模仿；父母总是把成绩挂在嘴边，孩子就会认为：成绩比我更重要。

「5」

教育共振关乎孩子的发展前景。

这里所说的教育共振，就是家庭教育的一致性。而我们看到的更多的情况是，当父母严格管理孩子时，爷爷奶奶会出面干涉；当父母一方扮演“严父”的角色时，另一方会以“慈母”的角色出现。

这都是教育的大忌，都会给孩子传递错误的信息：即使我有错，也可以不改正，因为我有“避风港”；即使我成绩下降了，也无所谓，因为我有“避风港”。家庭教育一旦有了“避风港”，就会让孩子的教育效果大打折扣，堵塞了正确的教育路径。

「6」

持续关爱关乎孩子的发展前景。

教育是一个漫长的过程，就像母鸡孵蛋，在 21 天的孵蛋过程中，每一天的恒温都很重要，哪怕到了最后一天，哪怕你似乎听到了小鸡出壳的唧唧声，如果温度出现了异常，孵蛋也会前功尽弃。

教育如孵蛋，我们给予孩子的爱，应当始终如一。在孩子的幼年、童年、少年乃至青年的每一个阶段，我们都应该传递正能量的爱。对孩子的关爱，没有春夏秋冬，而应该温暖如春：不可以当他成绩好了，就给他夏日的炽热；不可以当他成绩差了，就给他严冬的酷寒。

「7」

忽冷忽热，不是真正的教育。当孩子学业退步了，或者发展遇到瓶颈了，父母就对他冷嘲热讽，甚至拳脚相加，如果他质问一句：“爸爸妈妈，当我在襁褓中时，你们为什么不对我这样呢？”父母又该如何回应？

看来，教育需要温暖如初。

教育，“抱薪救火”何时了

「 1 」

近日，一位家长抱怨说，他的孩子玩手机、看小说已经成瘾了：“她已经高一了，到家就要玩手机；我们不让玩，她就生气。”

我问他：“这是最近突然发生的状况吗？”

据他介绍，孩子在读初三时，他考虑到孩子准备考试非常辛苦，就允许孩子每天玩半小时的手机或者看小说，可这样的状况只维持了一学期。

“到了高一上学期，孩子每天玩手机的时间由半小时增加到一小时。而这学期，她一到家就要玩手机，已经无法限制时间了。”家长非常苦恼地说。

这位家长所遇到的情况不是个案，带有一定的普遍性，这些现象让我想起了“抱薪救火”的成语故事。

「 2 」

《史记·魏世家》中记述了这样的故事：

四年，秦破我及韩、赵，杀十五万人，走我将芒卯。魏将段干子请予秦南阳以和。苏代谓魏王曰：“欲玺者段干子也，欲地者秦也。今王使欲地者制玺，使欲玺者制地，魏氏地不尽则不知已。且夫以地事秦，譬犹抱薪救火，薪不尽，火不灭。”

在秦国大军压境的情况下，魏将段干子请求把南阳割让给秦国以求和，而苏秦弟弟苏代坚决反对这样做，在他看来：“想升官的是段干子，想得到土地的是秦国。如今大王让想得土地的人控制官印，让想升官的人控制土地，魏国的土地不送光了就不会终结。况且用土地侍奉秦国，就好像抱着干柴去救火，柴不烧完，火是不会灭的。”

「 3 」

苏代的逻辑是，如果魏王把土地割让给秦国，就等于满足了秦国想要土地的愿望，就会进一步刺激秦国侵略的欲望，结果是“薪不尽，火不灭”。

如果魏王顺应了段干子割让土地的建议，段干子就会因为割地求和而获得秦国的认可，也会因此而升官，那就会刺激段干子要求进一步割让土地的想法，其结果同样是“薪不尽，火不灭”。

非常可惜的是，魏王没有听从苏代的话，一味求和，公元前 225 年，秦军再次向魏国大举进攻，魏国终被秦国所灭。

从历史发展的规律看，秦灭魏符合历史发展的规律，但魏王以割让土地来换取和平的做法，显然违背了国家外交的原则。

「 4 」

万物皆有道，道往往是相通的。教育过程中，一些家长以奖励的方式去教育孩子的做法，显然违背了教育的规律。

以奖励的方式让孩子玩手机，表面上是有效控制了孩子玩手机的时间，实质上同样是“抱薪救火”。

以奖励的方式让孩子玩手机，其奖励的本质在于：一是让教育变得无原则可言，只要孩子有需求，不管行为是否恰当，家长都要无原则地满足，这让家长的教育行为受制于孩子；二是在无形之中纵容了孩子的坏习惯，让其玩手机的欲望之火越烧越旺，这和家长控制玩手机的初衷背道而驰。

「 5 」

既然以奖励方式控制孩子玩手机后果如此严重，可为什么那么多的家长却乐此不疲呢？在我看来，无非有三个原因：

一是教育的惯性。当孩子很小的时候，家长往往用奖励玩手机的办法去让孩子学乖，久而久之，就会经常采取同样的办法去奖励孩子。换言之，许多孩子的坏习惯是我们家长培养的。

二是不良的环境。家长不希望孩子玩手机，父母却天天抱着手机不放，客观上营造了玩手机的不良环境，所以当孩子提出无理要求时，家长们也只能听之任之。

三是对奖励玩手机的后果认识不足。在一些家长看来，奖励式玩手机，可以有效控制孩子玩手机的时间。其实不然，玩手机的欲望是无限的，而你所能给的奖励却是有限的，当“无限”遇上了“有限”，矛盾在所难免，后果自然严重，因为，你的所谓奖励，就是助燃了他的欲望之火，结果自然是“薪不尽，火不灭”。

「6」

如果我们再深入思考，教育过程中“抱薪救火”的案例绝非奖励玩手机一种。当满足孩子对衣服、鞋子的过分需求时，当面对孩子早恋而不敢干涉时，当明知孩子有坏习惯而不去纠正时，其实，我们都在“抱薪救火”啊！

“抱薪救火”式教育的悲哀在于：你的教育在顺应了孩子不合理的欲望的同时，也助长了他的不合理的欲求；你的教育方向发生了逆转，不是你在教育孩子，而是孩子在“教育”你。

“抱薪救火”式教育何时了，悲剧知多少？历史就是一面镜子，但愿我们都能从“抱薪救火”这个成语中悟到点什么。

历史总是有惊人的相似之处，不信你试试。

一半是火焰，一半是海水

「 1 」

最近，我接待了一名高二学生的家长，他对孩子的培养已经无可奈何，在他的眼中，孩子已经是一无是处了。

上课不记笔记，经常在睡梦中听课；下课也不及时复习，闲暇时间都在篮球场上度过；晚自习偷玩手机，被班主任先后没收了 6 部手机；放晚自习后不会立即回家，而是一头钻进网吧；节假日根本不看书，成绩一落千丈……

这位家长已经彻底失望了。

「 2 」

看到家长很无奈的样子，我也很纳闷，我记得这个孩子被县中录取时，他的成绩非常好，高一被分到了实验班，怎么一下子变成了这个样子？

听了家长的陈述，我才知道这一家人在孩子教育的问题上是“冰火两重天”：奶奶是属于“溺爱型”的，经常偷偷给孩子零花钱，孩子就把这些零花钱攒起来买手机；孩子的爸爸是属于“温柔型”的，对孩子的错误常常视而不见；孩子的妈妈是属于“严厉型”的，对孩子的错误要求立即改正。

「 3 」

幸福的教育都是相同的，不幸的教育各有各的不幸。他们的家庭教育的问题主要表现在这些方面：教育常为“内耗”所累。妈妈再好的教育方式，也会瞬间被奶奶的溺爱和爸爸的温柔所抵消。不仅如此，他们一家人更会因为孩子的教育方式而产生巨大的分歧，在大人的争吵声中，孩子会在错误的道路上越走越远。

教育常为“过期”所累。万事万物都是有期限的，再好的教育也要讲究时效性。

在孩子成长的过程中，他的幼儿园和小学阶段应是“黄金时代”，这个时期如果教育失范，那无论以后你如何去努力，都无法达到预期的效果，奶奶的溺爱已经在孩子“黄金时代”埋下了教育的祸根。园丁在给树苗打杈时，总会选择在树苗幼小时期。园丁都明白的道理，我们很多高学历的家长却不一定明白。

教育常为“极端”所累。无论是“溺爱”，还是“温柔”，或者是“严厉”，其实都是在相对“极端”的道路上行驶的列车，都不一定能找到正确的教育方式。好的教育，应该是“私人定制”，针对不同的孩子，采用不同的教育方式，严慈相济往往是正确的选择。

「 4 」

教育绝不是简单的加减乘除，也不是简单的溺爱、温柔或严厉，而是需要我们家长、学校唱好“同一首歌”。

要唱好“会诊歌”。教育孩子时，一家人相互指责，除了给孩子传递错误的信号，别无益处。大家应该坐下来，平心静气地去思考“会诊”孩子的问题，制订完整的教育方案或思路。医生的会诊行为，应该经常用到我们的教育过程中来。

要唱好“对症歌”。在一家人“会诊”的基础上，我们应当找到孩子教育的“病根”所在，下一步就是开具“药方”，“药”到才能“病”除。在孩子教育的过程中，要千方百计地降低“误诊率”，医生医治的是孩子的身体，我们医治的是孩子的精神，相对而言，教育则显得更加重要。

要唱好“协同歌”。寓言故事《天鹅、大虾和梭鱼》写天鹅、大虾和梭鱼一起拉车，但是天鹅拼命要往云里钻，大虾弓着腰要往后走，梭鱼一心想往水里跳，大家的劲儿没有往一处使，导致车子分毫未动。这则寓言故事告诉我们，对于孩子的教育，我们要朝着一个方向前进，唱好“同一首歌”，才能防止“车子分毫未动”的现象发生。

「 5 」

回到开头，我对这位似乎绝望的家长说：“如果您读过小说《一半是火焰，一半是海水》，就会看到其中有一句话：‘想开点，现在刻骨铭心的惨痛，过个几十年再回头看看，你就会觉得无足轻重。’”

我的意思是说，教育孩子不能过于焦急，我们都要学会静待花开，“各自为政”的教育要不得，“情绪化”的教育更要不得。

教育终究需要回归理性，需要唱好“同一首歌”。

土壤不良，哪来的好收成

「 1 」

我上中学的时候，学过秦牧先生的散文《土地》。文中的一段话一直在我心头萦绕：

一个农民正在田里除草。那流亡队伍中一个王子模样的人物，走下车子来，尽量客气地向农民请求着："求你给我们弄点吃的东西吧！你总得要帮忙才好，我们已经好几天没有吃的了。"衣不蔽体、家里正在愁吃愁穿的农民望了这群不知稼穑艰难的人们一眼，一句话也没说，从田地里捧起一大块泥土，送到王子模样的人物面前，压抑着悲愤说："这个给你吧！"

「 2 」

这是《左传》中记载的晋国公子重耳在亡命途中发生的故事，原文比较简短：

出于五鹿，乞食于野人，野人与之块。公子怒，欲鞭之。子犯曰："天赐也！"稽首，受而载之。

文中的重耳，就是后来"春秋五霸"之一的晋文公，他对待土地的态度，足见土地在古代社会发展中的重要作用。

「 3 」

之所以再谈家庭教育的土壤，主要是最近一位家长发给班主任的信息，引发了我的思考。

一个孩子晚自习期间在教室里睡觉，班主任发现后让他站起来醒醒神，结果这孩子不仅不愿意站起来，反而继续在教室里呼呼大睡。

班主任实在无可奈何，只得发信息给学生家长求助。可家长的“神回复”却让人大跌眼镜，大致意思如下：

“对于我们家孩子而言，总的原则是健康第一，学习第二，既然他那么困，建议班主任就让他继续睡，或者直接让他回宿舍睡觉。”

「4」

如果这个孩子在生理、心理上没有什么问题，这个家长的回复就有了问题。仔细研读这位家长的回复，他没有意识到孩子已经违反了校纪班规，也没有意识到孩子对老师的不尊敬，更没有意识到班级是一个集体：不可以允许某个特殊的学生随心所欲地在晚自习没有结束的时候去宿舍睡觉。

这位家长同样没有意识到，他所谓的“健康第一，学习第二”的原则，其实就是对孩子违纪的袒护，在他的眼里，孩子的一切做法似乎都是正确的。

「5」

一则信息，暴露了家庭教育的“土壤”问题。教育是文明的范畴，文明源自土地，教育的收成也源自土地。

谚语是农人在农业生产中经验的总结，是农人对农业的深刻感悟。那么，关于土地、土壤的谚语，就会给我们诸多的启迪——

其一，土壤需要“勠力改良”。谚语中说：“黄土变黑土，多打两石五”“冷土换热土，一亩顶两亩”“白土地里看苗，黑土地里吃饭”……作为家庭教育的土壤，不同样需要改良吗？假如家庭教育的“土壤”是暴力，我们又怎么要求孩子温和？假如家庭教育的“土壤”是懵濑，我们又怎么要求孩子快乐？网上有一个比喻说得比较透彻：当复印件出了问题，最需要改变的是原件。

其二，土壤需要“保持水土”。谚语中说：“水土不出田，粮食吃不完”“水土不下山，庄稼定增产”“水土不下坡，谷子打得多”……家庭教育中的“保持水土”，就是要保持家庭教育的一致性、连贯性。“一致性”指家长们对待孩子的态度要一致，不可以“虎妈猫爸”；“连贯性”指家长们对待孩子的态度要长期连贯，不能“冬暖夏凉”。

其三，土壤需要“经常深耕”。谚语中说：“秋后不深耕，来年虫子生”“耕地深又早，庄稼百样好”“深耕一寸，多收一成”……家庭教育中的“深耕”，就需要我们家长深入研究教育的艺术，深入研究孩子的心理，不断适应教育的时代发展，不断顺应孩子的阶段成长规律。没有研究，就没有未来，没有研究的家庭教育，很难说是成功的家庭教育。

其四，土壤需要“平整土地”。谚语中说：“地整平，出苗齐；地整方，装满仓”“种庄稼，不用巧，沟边地边打整好”……家庭教育中的“平整土地”，就需要我们家长对自己的教育方式进行适时调整，而不是固守不变；教育也应该顺势而化，顺时而为，需要及时“平整土地”。

「6」

《晏子春秋》有一段话比较经典：

橘生淮南则为橘，生于淮北则为枳，叶徒相似，其实味不同。所以然者何？水土异也。

这段话后来衍生出成语“南橘北枳”。

“南橘北枳”的成语故事告诉我们，庄稼的收成，源自气候，源自土壤。

土壤不良，哪来的好收成？每一个“熊孩子”的背后，也许或多或少都有家庭不良教育的影子。

藏在硬币里的爱

「 1 」

周末的下午，我在办公室接待了一位家长。她显得很无助，想跟我探讨一个问题：为什么女儿不理解她?

我问她："你女儿怎么惹你生气了？"

她说："您看，孩子的每天三餐都是我做的，为了能让她吃上可口的饭菜，我不断变换着菜品，还经常上网去浏览做菜的视频。女儿的衣服都是我反复挑选的，平时你们学校要求穿校服，周末我一般就会让她穿我搭配好的衣服。从小到大，她的衣服都是我洗的，她的兴趣班都是我选的，连她未来的专业方向也是我和她爸反复商量的……我对她这么尽心，可她并不买账，我们一直很纳闷。现在的孩子，大多缺乏感恩意识。"她叹了口气。

我对她说："听了你的叙述，我不能简单用是否感恩去评判孩子。这样吧，让我给你讲一个故事。"

「 2 」

戴维·布瑞纳是美国著名的喜剧演员，他中学毕业时，曾向父亲求助，期待父亲通过自己的人脉关系给他找一份体面的工作。

可父亲只是给了他一枚硬币，并告诉他："用这枚硬币去买一份报纸，一字不漏地读一遍，然后在广告栏里，自己找一份工作，到世界上去闯一闯。"

后来，布瑞纳通过艰苦的奋斗终于取得了成功，成为一代喜剧大师。他回首往事的时候，认为父亲的那枚硬币，是送给他的"最好的礼物"。

说完这个故事，我问面前的这位母亲："听完这则故事，你感想如何？"

她沉默了一会儿说："是不是我们做多了，做'过'了？"

「3」

与这位母亲的探讨，让我对家庭教育、学校教育有了更多的思考，那就是如何培养孩子自立。

在我看来，真正的教育，是没有“依靠”的。

没有依靠的教育，其实就是培养孩子的自立能力。何谓自立？自立是一种不依靠、不凭借的能力，更是一种自主、自强、积极向上的精神状态。

现代著名教育家陶行知先生，对自主发展有一段极为形象的阐述：“滴自己的汗，吃自己的饭，自己的事，自己干。靠人，靠天，靠祖先，都不算好汉。”

其实，自立就是让那些有意义的行为成为一种自觉的需要，并在行动中去品味探究的快乐。法国大文豪伏尔泰曾说过：“没有真正的需要，便不会有真正的快乐。”学习和思考的乐趣都源于自主的需要，只有把自主作为需要，才会真正享受到学习和实践的快乐。

「4」

真正的教育，是没有“拐杖”的。

卢梭说：“大自然塑造了我，然后把模子打碎了。”这话听起来很自负，其实适用于每一个人。每个孩子都是不同“模子”的作品，家长一心一意想把不同“模子”的孩子，塑造成相同“模子”的人，想始终给孩子提供“拐杖”，其实是对教育的误读。

教育人应该向农民学习，农民对不同的庄稼，采取不同的播种方式，采用不同的耕锄办法，选取不同的间苗时间。即使在风雨交加的日子里，农民也不会想到遮盖庄稼。从农人这里，教育者应该感悟到，要让孩子能够独立自主地成长，要让他们真正去经风雨、见世面。

在一些人看来，戴维·布瑞纳的父亲似乎非常狠心。但这位父亲演绎了人间的大爱，教会儿子明白这样的道理：只有抛开“拐杖”，才能独立行走；只有独立自主，才能应对生活的挑战。在我们的生活中，父母给予孩子的关爱太多，教师给予学生的关注太滥，让孩子逐步丧失了独立自主的能力。

「5」

真正的教育，是没有“规划”的。

文章开头的那位母亲，对女儿的规划已经做到了无微不至：饭菜是规划好的，衣服也是规划好的，就连未来所学的专业方向也规划好了。

他们在精心为孩子规划的时候，却忘了孩子真正的兴趣，忘了孩子才是发展的主体。另外，也正是他们所谓的规划，在一定程度上削弱了孩子的自主能力，给孩子未来的发展埋下了隐患：一个有拐杖的人，注定很难到达远方。法国19世纪著名音乐家倍里奥成才的案例，给了我们最好的注脚。

倍里奥从小就酷爱音乐，他的理想就是长大后要当一名音乐家。可他的理想违背了父亲的愿望，父亲把他送进一所军医学校学医，但倍里奥对学医毫无兴趣，父亲一怒之下把他赶出了家门。

倍里奥没有低头，从此开始了艰苦的自立生活，屠牛场、面包房、商店和工厂，都曾留下他的足迹；白天辛勤工作，晚上刻苦学习音乐，凭着这股坚韧的自立精神，他终于成为一流的音乐家。

在这个故事里，倍里奥没有按照父亲规划好的路线去行走，而是扔掉了“拐杖”，自己独立去行走，走出一片灿烂的前景。

「6」

著名作家、哲学家周国平在《我更愿意做我自己》中举了一个精彩的案例：

我曾和一个五岁男孩谈话，告诉他，我会变魔术，能把一个人变成一只苍蝇。他听了十分惊奇，问我能不能把他变成苍蝇，我说能。他陷入了沉思，然后问我，变成苍蝇后还能不能变回来，我说不能，他决定不让我变了。

周国平其实是在用这个五岁男孩的案例告诉我们：每个人都愿意做自己！

前文中戴维·布瑞纳的父亲，就是鼓励孩子坚持做自己，他藏在那枚硬币里的，不仅有父亲的大爱，还有关于教育的哲思：教育，就是要让孩子成为更好的自己！

你若懂我，该有多好

「 1 」

父母经常想对孩子说：“你若懂我，该有多好。”

其实父母哪里知道：你走过的路，孩子没有走过；你蹚过的水，孩子没有蹚过；你吃过的苦，孩子没有吃过。

在这样的状况下，父母却让孩子和他一样去思考问题，一样去面对一切，这种要求显然是过高了。

可见，孩子没有按照我们的要求去行事，又是多么正常呀！

因此，千万莫把“你若懂我，该有多好”挂在嘴边，否则，你的一厢情愿，只能让你更加痛苦。

看来，父母和孩子之间，有一条“天然的河”。

「 2 」

孩子经常想对父母说：“你若懂我，该有多好。”

尤其是孩子面对父母的唠叨，面对父母的批评的时候，他们会在心中默念着：“你若懂我，该有多好。”其实，这种想法也是不现实的：你和父母的生活环境已经相差甚远。你整日通过手机欣赏各种流行歌曲，你的父母当年只能手抄歌词；你沉浸于手机游戏，你的父母当年可能还看着小人画；你在不断更新自己的名牌运动鞋，你的父母当年可能只有一双草绿解放鞋。

因此，你要求父母和你一样去思考问题，一样去面对一切，这种要求显然也是过高了。

看来，孩子和父母之间，真有一条“天然的河”。

「3」

老师经常想对学生说："你若懂我，该有多好。"

其实老师哪里知道：你和学生的生活环境已经相差甚远。你早已青春不再，学生却是早晨八九点钟的太阳；你思考的逻辑总是带着成年人的色彩，学生却总是生活在童话的影子里；你所追求的，往往并不是学生所喜欢的……

因此，你要求学生和你一样去思考问题，一样去面对一切，这种要求也只能是一厢情愿。

看来，老师和学生之间，也有一条"天然的河"。

「4」

学生经常想对老师说："你若懂我，该有多好。"

学生哪里知道：你所追求的，往往并不是老师所喜欢的；你的个性张扬，在老师的眼里往往就是"放荡不羁"；你的青春梦想，在老师的眼里往往就是"年少轻狂"；你的奇思妙想，在老师的眼里往往就是"心比天高"；你的缕缕情愫，在老师的眼里往往就是"相思早恋"……

因此，你要求老师和你一样去思考问题，一样去面对一切，这种要求也同样是一厢情愿。

看来，学生和老师之间，真有一条"天然的河"。

「5」

为什么父母和孩子之间、老师和学生之间总是隔着一条"天然的河"？

究其原因，无非有三：一是年龄的差异，不同的年龄，不同的生活经验，自然导致思考角度和方式的迥异；二是生活环境的差异，社会存在决定社会意识，不同的生活环境，在一定程度上决定了人不同的思维方式；三是生活的压力不同，不同的压力，自然有不同的思考方式。

既然人和人之间总是隔着一条"天然的河"，那么"你若懂我，该有多好"岂不成了天方夜谭？

也不尽然，我们还是来看一个案例吧。

「6」

据说在古罗马时期，当年的罗马军队在武力征服世界的过程中，曾带着葡萄的种子，当他们途经博讷的时候，发现这里的阳光、土壤、气候特别适合种植葡萄，于是他们就和当地的农民一起劳作，种植葡萄，酿造美酒。

几年后，许多战士再也不愿远征，他们更想成为当地的酒农。

罗马查理曼大帝为此不得不颁布法令，严禁罗马军队再经过博讷。莎士比亚在其剧本中也因此感慨道："罗马帝国征服世界，博讷征服罗马帝国。"

「7」

其实，罗马军队和殖民地之间一定隔着一条"天然的河"，而且是一条"宽宽的河"，但是博讷就用阳光、土壤、气候征服了罗马军队，让军人放下了武器，和当地的农民一起劳作，种植葡萄，酿造美酒。

亲子之间、师生之间，虽说隔着一条"天然的河"，但如果有了桥，天堑就变坦途。高卢博讷的阳光、土壤、气候其实就是桥，就是让那"宽宽的河"消失的桥。

如果我们都能像博讷人那样，酿造出"青春的葡萄酒"，我们就可以"征服"那些青春期的孩子们，"宽宽的河"就会荡然无存！

看来，在教育的过程中，我们都要少说"你若懂我，该有多好"。

没有宽容，哪来的绽放

「 1 」

2020 年高考语文全国Ⅰ卷的作文题，引起了网友的热议。该作文题给了一段材料，让考生就“齐桓公、管仲和鲍叔三人，你对哪个感触最深”写一篇班级读书会的发言稿。

春秋时期，管仲和鲍叔牙曾分别辅助公子纠和公子小白，最终公子小白取得了成功，成了一方诸侯，也就是齐桓公。

失败之后，公子纠被杀死，管仲被囚禁。可鲍叔牙却向齐桓公推荐了管仲，齐桓公任命管仲为相。经过管仲变法，齐国脱颖而出，一跃成为东方大国，齐桓公也一度成为“春秋五霸”之首。

管仲后来回忆道：“吾始困时，尝与鲍叔贾，分财利多自与，鲍叔不以我为贪，知我贫也。吾尝为鲍叔谋事而更穷困，鲍叔不以我为愚，知时有利不利也。……吾尝三战三走，鲍叔不以我为怯，知我有老母也。”

「 2 」

鲍叔牙对管仲的宽容真是到了极点：当管仲贪财的时候，鲍叔牙就认为是管仲家贫所致；当管仲工作不力的时候，鲍叔牙就认为是管仲没有遇到好的机遇；当管仲战败逃跑的时候，鲍叔牙就认为是管仲家中有老母亲的缘故。

以今天的标准来看，管仲似乎有点品行不端，而且能力也有限，鲍叔牙却一次次地宽容他、厚爱他，并极力向齐桓公推荐，自己宁愿做管仲的部下。

鲍叔牙和管仲，显然是同龄人，他们不是师生关系，更不存在谁教育谁的问题。但他们的故事，依然给我们教育者诸多启示——

「3」

启示之一：教育者，要有一颗“辩证之心”。

管仲身上，有着这样那样的问题，鲍叔牙显然已经看到了，但鲍叔牙似乎看得更远：他从管仲失败的经历中看到其成功的希望，从其坎坷的过往中看到其明天的辉煌。正是因此，鲍叔牙才极力向齐桓公推荐他。

鲍叔牙的推荐显然是冒着巨大风险的，毕竟管仲曾辅佐齐桓公的敌人公子纠，被推荐的时候，管仲还身陷囹圄，等于鲍叔牙向齐桓公推荐的，是一名失败的谋士，是一名阶下囚，但非常可贵的是，鲍叔牙辩证地看到管仲是一个“潜力股”，身上有不同凡响的闪光点。

我们在教育过程中，也会遇到各种各样的“问题生”，你是冷眼相对，还是以辩证的眼光去发现孩子身上的亮点，这对孩子的发展至关重要。

其实，每个孩子的心里都住着一个“哪吒”，都有“英雄情结”，如果为师者、为人父母者都能辩证地看待孩子身上的问题，他将来才可能成为真正的“哪吒”。再换个视角看，即使孩子身上有问题，这也恰恰是教育的目的所在，孩子的问题在哪里，教育的指向就在哪里。

「4」

启示之二：教育者，要有一颗“宽容之心”。

管仲和鲍叔牙的故事，让我联想到英国的一位小学校长。一名叫麦克劳德的学生偷偷地杀死了这位校长家里的宠物狗，校长没有按规定开除麦克劳德，给他唯一的惩罚就是要求他画出狗的血液循环图和骨骼结构图。

麦克劳德受到了极大的心灵震撼和教育。从此以后，他痛改前非，发愤向上，并喜欢上了生物学，后来，他因发现胰岛素在治疗糖尿病中的作用而获得诺贝尔奖，成为英国著名的科学家。

校长的一次宽容，最终促使了一个伟大科学家的诞生。当然，宽容不是让我们对孩子的过错视而不见、置若罔闻，而是以一种平和的心态原谅对方当前的落后，并用发展的眼光相信孩子日后的优秀。

「 5 」

启示之三：教育者，要有一颗“等待之心”。

电影《哪吒之魔童降世》中的哪吒一身都是问题，是个典型的“问题孩子”，但李靖夫妇从不气馁，一直都在等待孩子的转变。尤其哪吒母亲殷夫人的那句话——“最后的日子只要能让他开心，我就不在乎真假”，瞬间让人热泪盈眶。

从播种到收获，总有一个过程，有一个生长期，等待的结果或许暂时让人不够释怀，甚至大失所望，但只要我们充分地相信他们，最终他们一定会非常优秀。

正是这种宽容，这种等待，让哪吒不负众望，虽“生而为魔”却“逆天而行斗到底”，演绎了“我命由我不由天”的正气之歌。

「 6 」

一名教育者，没有辩证之心，就很难有宽容之心；没有宽容之心，就很难有等待之心。

那个春秋谋士鲍叔牙，那位英国小学校长，还有神话中的李靖夫妇，无一不在启示我们——

教育者，如果没有“辩证之心”，哪来孩子后来的闪光？如果没有“宽容之心”，哪来孩子此后的成长？如果没有“等待之心”，哪来孩子日后的绽放？

第四辑

教育·点灯——点亮自己的那盏灯

青春，就像是一条没有航标的季节河，需要我们给予正确的方向引领。教育就是点灯的事业，作为教育人，我们要像一盏盏明灯一样，给青年学子以正确的思想引领，期待他们珍惜青春、追逐理想、潜心求学、不畏挫折，顺利航行过这条没有航标的季节河。

点亮自己的那盏灯

同学们:

下午好！高考还剩下最后一周，三年冲刺，一朝撞线，难免忐忑。此时此刻，我多么希望能有人为我们点亮一盏心灯，指点迷津，照亮前行的路。

那首激荡人心的《国际歌》中唱道：“从来就没有什么救世主，也不靠神仙皇帝！”《国际歌》的歌词提醒了我们：世界上从来没有什么救世主，如果有的话，那就是我们自己。在这备考的关键时刻，期待同学们都能为自己点亮那盏灯。

首先，要点亮自己的“心静之灯”。

著名作家周国平说：“现在我觉得，人生最好的境界是丰富的安静。安静，是因为摆脱了外界虚名浮利的诱惑。丰富，是因为拥有了内在精神世界的宝藏。”

在备考的最关键时刻，你想要的越少，可能获得的就越多；你的目标越单纯，心愿就越容易实现。这就是我们要求大家做到“一课一得”“一问一得”“一卷一得”的原因，你只安静地追求“一得”，才能收获无数个“一得”，最终汇集成“多得”的汪洋大海。

备考需要心静，考场上也同样需要心静。你心静下来，才可能触及试题的本原；你静若止水，才可能看到更远的世界；你静观风云，才可能有科学的答题规划。答题前五分钟的读题时间比金子还珍贵，冷静地浏览，平静地取舍，安静地思考，决定着你每一场考试的走向。

正因为心静如水，一群怀有虔诚之心的自由人，才建造了举世闻名的埃及金字塔；正因为心静如水，法国的钟表大师布克才得以创造出世界上误差最小的钟表。期待同学们“每逢大事有静气，不信今时无古贤”。在分秒必争的高考赛场上，你的急躁，你的焦灼，无疑在否定自己的努力，无异于给对手送分。

其次，要点亮自己的“取舍之灯”。

小时候，我们都学习过一则童话故事：从前，在森林里面住着一只小猴子，有一天它肚子饿了，出来寻找食物，走进了玉米地，双手都捧满了玉米，可是当它看到西瓜的时候，又扔掉了手中的玉米……就这样，它一路走来，一路扔东西，最终两手空空。“小猴子进玉米地”的故事告诉我们，面对生活，面对考试，我们都要学会“取舍之法”，有时候，小舍则小得，大舍则大得。

宜兴中学的一位历史老师在回忆起20年前的高考时说：“高中三年，我的数学成绩一直徘徊在及格线上下。为了应对高考，我觉得太难的题目就放弃，专攻简单题，结果高考考了134分，连数学老师都非常惊讶……现在有些同学眼高手低，难题不会做，简单的题不屑做；考试的时候，难题拿不到几分，简单题粗心大意拿不到满分，总分自然就不高。”

上述两个例子，一正一反，从两个维度告诉我们，点亮自己的“取舍之灯”，就需要我们在高考的考场上能正确取舍：对于会做的题目，要确保拿满分；对于暂时做起来很困难的题目，可以先绕过去；对于那些超难的题目，你不会做也不应觉得遗憾。但有时也要注意，虽然有的题目很难，但往往其第一道小题相对简单，你也要尝试去做一下，做到每分必争。

取舍的前提，在于正确的判断；正确判断的前提，在于心静如水。可见，在高考考场上，冷静地面对，显得多么重要。

再次，要点亮自己的“心态之灯”。

1988年的汉城奥运会，男子100米蝶泳世界纪录保持者比昂迪以0.01秒的差距屈居亚军，回放镜头告诉了人们真相：恰恰在到终点的那一刻，比昂迪的动作有些许的变形。这个案例告诉我们：你接近成功的时候，千万不要松下来，而要继续保持先前的状态，继续发力，这样才能保证你最终获得成功。

高水平的对抗，成败得失往往就在一念之间。考场内外，都需要我们保持良好的心理状态：一是大我之“心”，“无我”才有我，放眼未来，心怀家国，你就不会纠结于一城一池的得失；二是常态之“心”，保持动作不变形，一往无前向前冲，越是保持常态，越有可能超水平发挥；三是淡定之“心”，考完一门丢一门，考后不要对答案，当天的难处，当天担当就够了，不要将坏心情带到下一场考试，莫名之忧，折磨的是自己，成全的是对手；四是自信之“心”，三年来，我们全员住校，栉风沐雨，日复一日，苦心人天不负，昨日的种种付出，都会结成今天的硕果。

同学们，在即将走向考场的这一刻，老师想送给大家三句话：第一句话，点亮自己的“心静之灯”，心静自然“良”；第二句话，点亮自己的“取舍之灯”，得取舍之道者得天下；第三句话，点亮自己的“心态之灯”，有好的心态，才有好的未来！

著名作家白落梅曾写道：“记忆中，总有一盏灯，在黑暗的时候，给我以光、以暖、以灵，为我照亮远行的路。”同学们，为自己点亮那盏灯，你一定会飞向天宇，奔赴山海，演绎一曲青春的赞歌！

谢谢大家！

（本文为2022年6月1日作者致南京市溧水区第二高级中学高三学生的“最后一讲”）

伺候哪一个主人

「 1 」

最近，我有幸拜读了周国平的散文《伺候哪一个主人？》，文中写道——

耶稣说：“没有人能够伺候两个主人。你们不可能同时做上帝的仆人，又做金钱的奴隶。”

我这样理解这段话：一个人的人生目标只能定位在一个方向上，或者追求精神上的伟大、高贵、超脱，或者追逐俗世的利益，不可能同时走在两个方向上。

耶稣接着强调，我们不应该为日常生活所需而忧虑。他说了一个比喻：显赫的所罗门王的衣饰比不上一朵野花的美丽，野花朝开夕落，上帝还这样打扮它，你们为什么要为衣服操心呢？他的意思是说，在物质生活上应当顺其自然，满足于自然所提供的简朴条件，如此才能专注于精神的事业。

「 2 」

耶稣对凡人的要求非常简单：需要在上帝和金钱之间做一个选择。而恰恰这样的选择对于世人而言又是那么的艰难：更多的人追求“两全其美”，既想保持信仰的单纯，又想在物质上尽量丰厚。

世界上哪有这样的好事？早在 2 000 多年前，孟子就告诫我们：

鱼，我所欲也；熊掌，亦我所欲也。二者不可得兼，舍鱼而取熊掌者也。生，亦我所欲也；义，亦我所欲也。二者不可得兼，舍生而取义者也。

在这篇《鱼我所欲也》中，孟子把“生”与“义”比喻成鱼和熊掌，在他看来，二者是不可以兼得的，尤其在需要你做出选择的时候。

在一些影视作品中，一些共产党员在敌人严刑拷打之下，面临着这样的选择：要么忠诚于自己的信仰，要么苟且偷生，在这样的境遇下，“生”与“义”不可兼得。

「 3 」

开学的时候，高二的一名女生坐在我的办公桌前。

当我询问她，与入学相比，成绩是进步了还是退步了的时候，她无奈地告诉我，成绩不断下降。

我又问她："为什么会下降？你自己知道原因吗？"

她沉默了半晌，突然抬起头，语气平缓地说："老师，既然您这么关心我，那我就全部告诉您。我喜欢在自己的房间里偷偷看小说，常常被小说中的情节所吸引；我喜欢偷偷玩手机，喜欢看爱情剧，喜欢那里面的情节……"

她还说："我上课常常走神，小说和电视剧的情节总是带着我的思维跑……"

我说："孩子，我还是给你讲一讲我读书的经历吧！"

「 4 」

三十五年前，我从家乡的联中（村里办的初中）转学到离家四十多里（1 里 = 500 米）的安徽省五河县天井中学（今弥陀寺初级中学）读初二，那时候我连自行车都没有，来回都靠步行，每次单趟行程需要三小时左右。

记得转学后的第一个星期六下午，上完两节课后，我就到办公室找班主任吴明堂老师请假，吴老师没有说什么，很爽快地答应了，当时我很高兴，很庆幸遇到了这样一位善解人意的好老师。

到了下周，思乡之苦再次袭来，同样是星期六下午两节课后，我到了吴老师的办公室，请求提前两节课回家，吴老师反问我："你上周不是请过假了吗？"我说："离家太远了，又是在外地念书，太想家了。"

可吴老师听了我的理由后，没有再说什么，也没有同意我的请求。我就在他办公室门口站着，他一开始在埋头改作业，后来干脆背朝着我，不再理我。

我在吴老师办公室的门口站了一个多小时，一开始是小声地抽泣，后来哭声越来越大……吴老师突然回头，对我说了一句永生难忘的话："你想读书，就不要想花花世界；想花花世界，就不要想读书。"

三年前，我再次跨过省界，来到了天井湖边的母校，想拜见恩师吴先生，可学校的领导告诉我，吴先生几年前已经过世……对于我，先生虽然已经过世，但他的教诲伴随着我，直至永远。

「5」

说完这个故事后，我对坐在我对面的女生说：“我把我老师的话送给你，希望你牢记这句话：‘你想读书，就不要想花花世界；想花花世界，就不要想读书。’”

看来这孩子被我的故事打动了。她主动说：“老师，您看能不能这样，我申请住校？在家里，诱惑太多了：手机、电视、网络、小说，还有……家里经常来客人……”

我立刻拿起了电话，与她班主任沟通，孩子如愿以偿。

「6」

这个案例给我带来许多思考，面对那些暂时“糊涂”的学生，班主任、家长应该给他们正确的引导，引导他们有坚定的目标，时时能回答“伺候哪一个主人”的问题。

为什么要回答“伺候哪一个主人”的问题？因为学业征程的“季节性”。虽然现在大家都倡导终身学习，但是学业传授更多地集中在从小学到大学这一阶段，尤其集中在中学阶段，可见，集中学习阶段是有“季节性”的。既然学业征程具有一定的“季节性”，那青少年学生就应该抓住这个“季节性”特征，就像农人种田：我们总不能在秋天播种花生，在冬天播种玉米……“过了这个村，就没有这个店了”最能形象地说明学习机遇的重要性。

为什么要回答“伺候哪一个主人”的问题？因为学业过程的“艰巨性”。虽然学习过程无须付出更多的体力劳动，但是，学习过程依然是艰辛的：它需要你早起，早早来到教室；它需要你晚睡，迟迟回到家里；它又十分单调，和电视剧中的生活相去甚远。正因为学业过程的“艰巨性”，我们在学习过程中才不能分心，才应该单纯地面对，否则，你将难以面对学习的挑战。

为什么要回答“伺候哪一个主人”的问题？因为学习环境的“复杂性”。毋庸置疑，信息时代的确给人们的生活带来巨大的便利：天涯可以咫尺，通信技术会缩短人们交往的距离；现场可以直播，任何一件事的实况可以在短期内传播；每个人都是一个媒体，自媒体时代让信息传输量呈井喷式上升……但是，在这么多的信息里，究竟有多少是正能量的信息？哪些对中学生是有害的？此外，手机、电视剧、小说以及社会上的各种现象，都会给学生的思想带来波动。

「 7 」

当然，花花世界和学生学习也不是相互对立的，知行合一是学习的重要方式，学习需要到实践中检验，但这与引导学生静心学习是两个不同的问题，我们想强调的是，学习需要一颗单纯的心，需要一颗虔诚的心，需要一颗专一的心。

还是荀子的《劝学》说得好：

蚓无爪牙之利，筋骨之强，上食埃土，下饮黄泉，用心一也。蟹六跪而二螯，非蛇鳝之穴无可寄托者，用心躁也。

看来，用心是否专一，其结果大为不同。

总之，每一个学生都不可回避一个问题——“伺候哪一个主人？”

面对“迷途的羔羊”

「1」

今天上午，一位家长将孩子“写给自己2019年的信”发给我看，孩子在信中说：“现在已经高二了，但找不到自己的方向；想来想去，都怪自己高一时的荒废。”

无独有偶，就在昨天，一名2006届校友回到母校，与我一起回忆在母校的时光时，感慨地说：“我考入高中时，成绩一度非常棒，曾经考过班级第三名，可惜经过一段时间的随波逐流，待到分科的时候，我的成绩已是一落千丈。虽然我高二高三一再追赶，但已经事倍功半，后来几乎要放弃。”

我说：“你的问题不在于你的奋力追赶，而在于你最应该奋斗的时候，却选择了安逸。”对于读书人而言，最重要的是什么时候去努力。因为，“努力”和“勤奋”也是有“有效期”的。

这个校友的回忆，将我的思绪拉回到了几年前——那时候，我正在做班主任。

「2」

2010年的9月，我再次走上了班主任的工作岗位，面对50多名高二的“顽童”，不经意间踏进了青春的舞场。

有人说，青春是一条“没有航标的季节河”：它可以肆意流淌，无拘无束；它可以漫无目标，率性而为……

面对“没有航标的季节河”，面对“迷途的羔羊”，作为班主任的我，如何拨正人生的航向，如何用正确的思想引领孩子们发展，一直是我每天都要面临的问题。

我刚刚接手班主任的工作时，就看到一名女生别样的周记。

「 3 」

这个孩子周记的题目是“你知道你是谁吗”，她在周记中说：

你知道你是谁吗？当你刚刚接到泗洪中学的录取通知书时，你就开始了梦幻之旅，可是，整个高一，你的作为对得起你的梦想吗？

你知道你是谁吗？高一军训时，老师给我们上初高中衔接课程，而你却不以为然，在课堂上偷偷给没有考上高中的初中同学写信，貌似在安慰她，其实是在炫耀自己，你此时此刻的作为和她初中时的自我放任有什么区别？

你知道你是谁吗？你不想上晚自习，就跟老师请假说自己肚子疼；你不想参加午练，就说胃不好需要中午回家吃饭；你上物理课不想听讲，就回家跟家长说这个老师水平有限；你害怕考试，就在月考时找个理由请假；你遇到题目不会，却从来不去问老师；你想玩手机，就骗家长说老师让通过手机上网查资料；有个男生写字条给你，你就失眠了好几个晚上……

这就是你，你知道你是谁吗？

「 4 」

看到这个孩子周记的时候，她已经上高二了，我刚刚接手班主任工作不到三天，于是在她周记的结尾处写下了这样的批语：

从这个周记中，我看到了深刻反思的你，看到了勇于自我剖析的你，看到了渴望改变的你……人间最美是“行动”，我期待你永远记住《阿房宫赋》中的几句话：“呜呼！灭六国者六国也，非秦也；族秦者秦也，非天下也。嗟乎！使六国各爱其人，则足以拒秦；使秦复爱六国之人，则递三世可至万世而为君，谁得而族灭也？秦人不暇自哀，而后人哀之；后人哀之而不鉴之，亦使后人而复哀后人也。”

我想通过这段批语告诉这个孩子，对自己行为的反思的确很重要，但更为重要的是，在行动中去改变自己。否则，所有的后悔都是没有意义的——高二“哀”高一，高三再“哀”高二，长此以往，就会“后人哀之而不鉴之，亦使后人而复哀后人也”。

看来，后悔也是有“有效期”的。

「5」

其实，世间万事万物都是有“有效期”的。

青春是有“有效期”的，因为它会转瞬而逝；后悔也是有“有效期”的，因为没有付诸行动，一切都是毫无意义的；勤奋也是有“有效期”的，超过一定时限的努力，其收效也是微乎其微的。

我们生长的地球也是有年龄的，事物都有产生、发展、灭亡的历史，既然一切都是有“有效期”的，这就需要我们多给孩子引导，让他们平稳蹚过“没有航标的季节河”。

「6」

要引导孩子具有“惜时”意识。惜时，看似是一个古老的话题，但“头悬梁，锥刺股”的故事，依然在告诫莘莘学子——稍不留意，你的青春很快就会“过期”。

正在求学的孩子，尤其是起始年级的学生，更要有“时不再来”的意识。失去的才是最珍贵的，既然我们都回不到前一秒，那就应该珍惜当前的每一秒，就应该把握住生命里的每一秒，全力以赴心中的梦。

「7」

要引导孩子具有“方向”意识。时间如白驹过隙，青春是一辆飞快的列车，速度越快，方向则显得越重要。

尤其是高一年级的孩子，到了一个新学校，环境是新的，同学是新的，教学管理模式也是新的。高中与初中的教学要求有本质的区别，高考、中考的命题取向也有本质的不同，但刚到校园的孩子却没有感受到这一点，他们很容易迷失方向。

迷失方向，一方面是由于受到了新环境的影响，另一方面却是初中学习惯性使然，无论是哪一个原因，都需要我们教育者及时提醒孩子：立志须趁早，明晰方向也须趁早，否则——缺失方向感的列车，注定到不了远方！

「 8 」

要引导孩子具有“反思”意识。反思的过程，其实是自我纠偏的过程，是自我调整、自我完善的必不可少的环节。

我们需要引导孩子：反思自己的方向是否正确，价值追求是否“偏轨”；反思自己的方法是否正确，学习路径是否“偏轨”；反思自己的态度是否正确，学习动力是否“偏轨”；反思自己的选择是否正确，学科均衡是否“偏轨”……

教学生学会反思，其实就是在让孩子不断地自省、自立。

「 9 」

30 年的教育经历告诉我，学生迷失方向的时候，往往都是在起始年级高一，等到了高二、高三，虽然已经“幡然醒悟”，但往往是“悔之晚矣”。

求学的过程，就像盖一栋摩天大楼，若地基没有夯实，到了第一层、第二层……即使你醒悟了，后悔了，又有什么用呢？

高一的孩子，大多是“没有航标的季节河”，面对这群“迷途的羔羊”，教育者的责任重大：我们应该引导孩子认识到，青春是有“有效期”的，勤奋是有“有效期”的，反思是有“有效期”的，后悔更是有“有效期”的。

莫忘了“芳华”，因为“时不再来”；莫忘了“方向”，因为“航向”极端重要；莫忘了“反思”，因为它让我们时时“纠偏”。

其实，人生最重要的，不是做什么或者怎么做，而是该在什么时候做什么。

那只老虎为啥不回头

「 1 」

高一学生家长莫先生给我打电话，诉说了心中的苦恼。据他反映，他孩子莫同学晚自习回家后从来不学习，周末回家会打一整天的游戏，甚至连吃饭的时间也不放过。

莫先生实在无可奈何，也曾采取各种各样的方式劝导，都没有见到明显的效果。莫先生每次劝导孩子时，莫同学常常把一句话挂在嘴边："现在才高一，时间还早着呢。"

莫先生以近乎央求的口气对我说："周老师，我是您的微信公众号'历史的清晨'忠实的读者，也试着将您的那两篇文章《莫错过了"芳华"》和《世上有朵美丽的花》拿给他看，可效果并不理想。周老师，我可否请求您找个机会跟我儿子聊一聊？我实在没有办法了。"

「 2 」

莫先生的电话，让我想起了一期读书节目。

在这期节目中，主持人现场采访朗读者，问他为什么要朗读电影《少年派的奇幻漂流》的原著。

这位朗读者回答："我当时在看这部电影的时候，看到最后一个画面，极其感动。有那么多的观众希望看到老虎回头，但是导演和编剧就得扛住这个压力，他们就是要用这样的结局告诉你——现实是残酷的，时间就是不等人的。"

我曾看过电影《少年派的奇幻漂流》，当时没有深思结尾的镜头，好在节目通过原著让我理解了这个结尾：

我肯定他会转身对着我。他会看我。他会耷拉下耳朵。他会咆哮。他会以某种诸如此类的方式为我们之间的关系做一个总结。他没有这么做。他只是目不转睛地看着丛林。然后，理查德·帕克，我忍受折磨时的伴侣，激起我求生意志的可怕猛兽，向前走去，永远从我的生活中消失了。

「3」

电影《少年派的奇幻漂流》讲述的是印度少年派遇到一次海难，家人全部丧生，他与一只孟加拉虎在救生小船上漂流了 227 天，人与虎建立起一种奇特的关系，并最终共同战胜困境获得重生的故事。

就在他们幸运地漂流到一个小岛上时，老虎理查德·帕克率先跳下了船，头也不回地走向了丛林，似乎有点让观众失望，也似乎让少年派失望，毕竟他与虎共患难了 227 天，但恰恰是这个结尾，给人留下了无限的想象空间。

「4」

昨天晚自习，我终于有机会与莫同学面对面坐着，他显得很沉着，向四周望了望我办公室的陈设，眼神中既没有新奇，也没有什么不安，看来他对一切已经有了自己独特的看法。

有了他爸爸的教训，我并没有和他谈《莫错过了“芳华”》和《世上有朵美丽的花》这两篇文章，也没有和他谈高一阶段学习的重要性，而是试着和他对话。

“莫同学，你有没有看过电影《少年派的奇幻漂流》？”我问。

莫同学说：“没有，只是听说过。”

我对莫同学讲述了《少年派的奇幻漂流》故事梗概，又特别强调了电影结尾老虎理查德·帕克头也不回地走向了丛林的这个镜头，然后问莫同学：“你从我刚才讲述的故事中有没有得到什么启示？”

莫同学沉默了一会儿，反问我：“您是不是想通过这个故事告诉我，我应该向少年派学习，学习他排除万难的执着精神？”我摇了摇头。

莫同学又问：“您是不是想让我和他一样，即使在非常非常困难的时候，都要对未来充满信心？”我又摇了摇头。

“那您是不是想让我像少年派那样勇敢？”他又问。

我摇了摇头，莫同学也无奈地摇了摇头，眼神中充满了疑惑。我捕捉到了他眼神的变化。

「5」

我对莫同学说：“你说得也没有什么错误，但我为什么摇头？这要回归到这部电影的立意上去。”

我又说：“一千个读者，心中就有一千个哈姆莱特。对于这部电影的立意，我们观众可以有不同的解读，但编剧和导演安排的‘老虎不回头’的镜头，是有其深刻寓意的。在这部电影中，老虎隐喻时间，在我们与岁月的朝夕相处中，有过同患难，有过共荣辱，就像电影中的少年派与老虎理查德·帕克有着生死交情：他们一起面对大海的波涛，一起面对暴雨的洗礼，一起面对食品枯竭的危险，一起遭遇过‘吃人岛’，一起时刻面对生与死的考验……但在他们终于到达一个岛屿时，老虎却头也不回地奔向了丛林。”

“老虎，就隐喻时间！”我看着莫同学说，“虽然你现在才高一，但时间已经过了5个月，你再也无法回到昨天，哪怕是回到一秒钟之前。时间这只老虎是最绝情的，它随时都可能离你而去，而且连头也不回。”

“听完我的解读，你现在还认为‘才高一，时间还早’吗？”我再次问莫同学。

他若有所思地摇了摇头。

「6」

电影《少年派的奇幻漂流》和莫同学的案例让我们对教育有了一些反思。

教育需要进行“靶向治疗”。在医治恶性肿瘤的过程中，有一种“靶向治疗法”，就是通过基因测序来确定引发恶性肿瘤的基因，通过药物治疗这个异常的细胞。教育也需要“靶向治疗法”，需要我们找到病因，找到孩子思想的真正误区。

教育需要精准“对症”。最难改变的，莫过于人的思想，这就是教育的难点，同时也是教育的重点。改变一个人，重点在于改变他的思想；改变人的思想，重点在于找到改变的“靶点”；找到了“靶点”，更要找到治疗的“药物”。这“药物”，就是针对其思想误区的纠偏与正确引领。

教育需要典型来“引路”。解决孩子思想教育的难题，通过简单的说教往往很难达到预期的效果，而当我们引导孩子，从诸如“老虎不回头”的典型案例中去自主反思，他在反思过程中所获取的认知，不仅仅具有深刻性的特点，也恰恰是其改变的起点与契机。自主教育，往往是教育的最高境界。

电影《少年派的奇幻漂流》的结尾还提醒我们，需要引导学生珍惜青春，明了“世间无物抵青春”的道理，否则，当时间这只老虎“头也不回地奔向了丛林”的时候，后悔又有什么意义呢？

我要这铁棒有何用

「 1 」

2015 年，一首《悟空》风靡大江南北。据说，《悟空》灵感来源于创作者心中的“悟空精神”：叛逆、多变、乐观和坚持。他从五岁时就开始学习音乐，已经有 30 年了。

在经历过被人否定、被人欺骗后，他觉得孙悟空就是要身经百战，要去战斗，打一次强一次。终于他将戏曲和流行音乐完美结合，呈现出不一样的“悟空”。

《悟空》呈现了一个不同以往的悟空的内心世界，引发了无数听众的共鸣……

「 2 」

就在前几天，一位家长给我打电话，说他孩子刘同学最近成绩起伏很大，希望我能找她聊一聊。

刘同学本来是一所优质初中的实验班的学生，初中基础特别好，可是到了高一，心思没有完全用在学习上，有早恋的倾向，高一上学期在最好的实验班，高一下学期就被调整到了普通班，目前成绩还在不断地下滑中。

我和这个孩子谈学习，没有直奔主题，而是从她的爱好开始。

「 3 」

据家长介绍，刘同学小时候上了很多辅导班：音乐、舞蹈、美术……她在音乐上特别有天赋，还曾经自己创作过歌曲。

我问她喜欢哪些歌手。

她列举了许多我从来没有听说过的歌手名字。

我不得不打断她的话，问她：“听过《悟空》这首歌吗？”

她说："听过，非常好听。"

我又问她："听完这首歌，你的感触是什么？"她说，没有很深的感触，只是觉得音乐很好听，有戏曲的味道，动画也很好看。

「 4 」

刘同学笑着反问我："周老师您今天找我，不会是仅仅和我聊音乐的吧？"

我对她说："晚自习时间这么宝贵，我当然不会和你仅仅谈《悟空》这首歌曲。《悟空》这首歌曲打动我的，不是旋律，不是演唱，而是它的歌词。

"歌词为什么能打动您？"刘同学不解地问我。

"难道你不觉得你和歌中的悟空很相似吗？"我反问刘同学。

刘同学摇了摇头，疑惑地望着我。

「 5 」

我对刘同学说，《西游记》中孙悟空手中的金箍棒，叫如意金箍棒，一万三千五百斤，可大可小，让许多妖怪闻风丧胆；另外，他还有七十二般变化，一个筋斗云可以到十万八千里之外……可是，如果唐僧不给他机会去降妖，他要这铁棒有何用？他有这变化又如何？

"你和悟空多么地相似：你曾经是初中的'学霸'，以高分考入高中，又有幸到实验班学习，就像孙悟空拥有了金箍棒一样。"

"可是，你珍惜了你曾经拥有的一切吗？"我再次问刘同学。

刘同学低下了头。

「 6 」

"现在，我知道您为什么和我谈歌曲《悟空》了。"刘同学若有所悟地说。

我进一步和她交流："其实你的基础非常好，但你用功不足，就像即使你有2米以上的身高，也不代表你一定能成为优秀的篮球运动员；你机会很好，但你'静心'不足，就像你有机会罚足球点球，球就在你脚下，球门是空的，可你却偏偏射偏了……"

“你处在最好的年龄，又曾在最好的实验班，如果你不好好珍惜这一切，你要这青春有何用？”我再次反问刘同学。

刘同学点了点头。

「7」

我不知道刘同学是否明了我的良苦用心，我更无法预测刘同学的未来如何，但这个教育案例依然给了我些许反思……

有“捷径”，才会有教育的共鸣。这里的“捷径”不是探索教育的近路，而是寻找和孩子交流的共鸣点，有了共鸣点，教育才可能会发生“共振效应”，否则，各敲各的锣，各说各的话，永远没有情感的交集。

有隐喻，才会有深刻的认知。教育是一种艺术，而艺术需要高超的表达。电影《少年派的奇幻漂流》中那只永不回头的老虎，就隐喻青春一去不复返，告诫我们：每个人只有一次人生。同样，教育也需要类似的隐喻，让孩子通过这样的隐喻，理解更深刻的道理。

「8」

我们在教育孩子的时候，孩子也在用自己的经历教育我们——

他们的成功与苦楚，他们的喜悦与悲伤，他们的顺境与挫折，无一不在警醒我们：珍惜当下，珍惜孩子，珍惜平台，珍惜每一次教育的机会。

否则，当我们总是和“虚度”同行的时候，那两句歌词就会反复诘问我们：“我要这铁棒有何用？我有这变化又如何？”

坚硬的南瓜，远行的底色

「 1 」

妻子刚到一所新的学校工作，晚上回家抱怨说，这里的孩子不如老家的孩子刻苦。我问她怎么看出来的。她说，许多孩子上课时不专心，下课问老师作业的也比较少。最明显的差距还在于，在老家的实验小学，如果学校让登记申请延时放学，全班没有一个同学不登记的，而教师延时服务的费用全部由家长筹集；可她目前接手的这个班，登记弹性离校的孩子寥寥无几，而当地教师的延时服务费用，几乎全部由政府买单。

当我们正在讨论两地教育差异的时候，她又接到了一位家长的电话，家长在电话中请求老师尽可能少布置作业，因为这位家长担心孩子学业压力过大，在家长看来，小学阶段的孩子没必要有学习上的压力。

「 2 」

这位家长的话，让我想起了一位专家引用过的一则案例：

英国科学家公布过一个真实的实验，在许多同时成长的小南瓜上压质量不同的砝码，看看它们的承受能力。每一个南瓜上面压的砝码都不一样，但是总量都不多。

其中有一个南瓜，被压的砝码最多，从开始的一天几克，到几十克，再到几百克，最后这个南瓜被压了几百斤。

等到这些南瓜都长大成熟后，科学家把它们拿来，想用刀剖开。其他的南瓜都被轻松地剖开了，而唯独这个南瓜，刀砍下去就弹开了，斧头砍下去也弹开了，最后科学家用电锯才把它剖开。

专家在评论这则案例时说，这是一个关于生命的实验，说明外在的压力会产生内在的反张力，会让生命体的生命力更加顽强。

「3」

专家引用这个案例，原本是阐述儒家思想的。这个角度我们不去研究，我们要反思的是：为什么偏偏这个南瓜比其他南瓜都要坚硬?

原因其实很简单，这个南瓜在生长过程中，承担了其他南瓜没有承担过的压力。

我向来不主张让孩子有过重的学业负担，更何况是在小学阶段。但是，学习毕竟是一个不断深入的过程，毕竟是一个激烈竞争的过程，还是应该保持适度的学习压力，因为，有时压力就意味着动力。

「4」

小学课文《挑山工》中作者和挑山工的对话，就多少说明了这一点。当作者问："我看你们走得很慢，怎么反而常常跑到我们前头去了呢？你们有什么近道吗？"

他说："我们哪里有近道，还不是和你们走的同一条道？你们肩膀上没有挑子，是走得快，可是一路上东看西看，玩玩闹闹，总得停下来嘛！我们跟你们不一样，不像你们那么随便，高兴怎么就怎么。一步踩不实不行，更不能耽误工夫。我们得一个劲儿往前走。别看我们慢，走长了就跑到你们前边去了。"

在这段对话里，挑山工给作者阐释了他们常常反超游客的原因：他们的目标很单一，就是要尽快到山顶的目的地，不会"一路上东看西看"；他们的行动很持续，不会走走停停；他们的行走很务实，"一步踩不实不行"……

不知道小学语文老师是如何解读"挑山工精神"的，在我看来，挑山工之所以经常反超游客，其精神的内核在于专注，不会心猿意马；在于坚持，不会半途而废；在于务实，不会投机取巧。

如果我们进一步去思考挑山工的精神源头，那也许是维持家庭生计的需要，也许是孩子上学经费的困扰，也许是赡养老人的重担……

不管是怎样的原因，其实都是源自生活的压力。换言之，生活的压力在一定程度上换来了行动上的动力。

「5」

有时，压力就意味着潜力。一个人能走多远，关键取决于其潜力有多大。但一个人的潜力到底有多大，却很少有人能回答上来。

潜力主要指人潜在的某种特长或发展的可能性。潜力之所以被称为潜力，是因为它具有隐蔽性，藏在每个人的身上，难以发现；因为它具有阶段性，潜力隐于人的身上，如果不及时开发利用，久而久之，这个人就会“泯然众人矣”。

那么，如何让人潜在的发展可能性演变成真正的发展优势？这就需要我们不断地尝试，不断地历练，不断地实践。不经历风雨，怎么见彩虹？尝试、历练的本身就是接受生活、学习洗礼的过程，就是自我加压的过程。可见，压力在一定条件下就是寻觅、挖掘、发展潜力的过程，也是走向成功的必备条件。

「6」

有时，压力还意味着爆发力。一个人能走多远，不仅仅取决于其潜力有多大，还取决于其爆发力有多大。

2004 年，在美国的一场篮球比赛中，马刺队的邓肯在比赛的最后时刻且身体失去平衡的情况下命中了一记中高难度投篮，将比分反超 1 分，只留给湖人队 0.4 秒的时间，当时所有人都认为马刺将夺得胜利，但奇迹发生了。

湖人队的最后一球传到了费舍尔手里，只见他转身就投，篮球应声入网，完成了绝杀。

这个案例常常被人用来告诫那些站在终点线上的高三学子：在冲刺的那一刻，更要保持奋进的动作不变形；不到最后胜利，不要放弃努力。

但我今天想强调的是，湖人队在落后 1 分并只剩下 0.4 秒的情况下还能冲击成功，不仅仅在于他们的坚持，不仅仅在于他们精妙的战术安排，更在于他们在巨大的压力下迸发出了不可思议的爆发力。

「7」

世界上，有一只南瓜坚硬无比，因为它承受了异乎寻常的压力；而这样的压力，又常常是我们远行的底色。

最不该欠缺的那一课

我一直为自己给孩子设计的教育计划而得意，女儿的求学历程总是按照我们做父母的设计的路线在行走。我一直为女儿的些许成功而自豪：从小学到中学，从中学到大学，她呈现给我们的，总是优异的成绩，直到有一天……

「 1 」

今年五月底，女儿本来是以非常愉快的心情踏上前往瑞士的留学之路的，在上海浦东国际机场登机时，她甚至连回头的意识都没有。也许是因为瑞士苏黎世的风景让人向往，毕竟北欧的湖光山色美不胜收；也许是苏黎世联邦理工学院的名气吸引了她，毕竟这所高校在世界大学综合排名中名列前茅；也许是瑞士中立国的地位让她感到很好奇，毕竟这个国家 200 多年来没有弥漫过硝烟；也许是苏黎世联邦理工学院的校友让她钦羡不已：爱因斯坦、伦琴等 30 多位校友（含访问学者）曾经荣获过诺贝尔奖……

但女儿的好心情没有超过一个星期，在六月初的一个晚上，她给我们发信息，坚决要求退学，理由主要是语言不通、生活不习惯、比较孤独、课题太难、实验室的人都比她优秀……

其实，在她所说的诸多理由中，许多理由是不成立的，唯有“实验室的人都比她优秀”这个理由比较靠谱。因为她从小学到中学，从中学到上海交通大学，从上海交通大学的本科到硕士，几乎都是一路绿灯，包括申请到瑞士这所学校读博，也是一帆风顺的。

「 2 」

恰恰就是这个“一帆风顺”害了她。

“一帆风顺”让她几乎没有遇见过挫折。而没有遇见过挫折，就会让她在挫折面前束手无策。在上海交通大学的实验室里，她也许是出类拔萃的，但是到了苏黎世联邦理工学院的实验室，突然发现自己什么都不如人，这种挫败感、失落感让她一时难以接受。

“一帆风顺”让她误以为世界都是美好的。其实，人生不如意事十之八九，误以为世界都是美好的让她遇到挫折就会想：世界怎么会是这样的呢？其实，世界本来就是这个样子的。

“一帆风顺”让她认为人生的道路上只有顺风，然而在自然界中，不同的地域、不同的季节，哪怕是在一天之内，都会有不同的风向，而且往往逆风的时候多，顺风的时候少。

可见，“一帆风顺”的人生，会让人误读世界，增强人的挫败感，让人养成“怕输心态”，尤其当遇到重大选择时，会严重动摇自己的世界观。

「 3 」

既然挫折是人生的常态，那么学校、家庭都应该经常给孩子开设“挫折课”，让孩子明了一些基本道理：

“不如意”是家常便饭，这是再正常不过的事情，遇到挫折也没有必要大惊小怪。

著名作家罗曼·罗兰说：“世界上只有一种真正的英雄主义，那就是在认清生活的真相之后，依然热爱生活。”挫折恰恰是人生的导师，它会告诉你事物的本来面目，它会引导你在历经千难万险后依然热爱生活，它会告诉你人生除了“花好月圆”，还有“悲欢离合”，它会时时提醒你：能越过障碍的，才可能是真正的强者。

「 4 」

女儿最终战胜了自我，继续留在苏黎世，继续她的学业。

但在她有中途辍学想法的那一刻，作为她的父母，作为她曾经的老师，我们都无比后悔，后悔没有在她小学、中学给予她更多的挫折教育。让孩子学会如何面对挫折，才是人生最重要、最不该缺失的那一课。

没有给她上好“挫折课”，其实是在给她营造一种假的未来社会环境。花房里的花，一下子搬到室外就会出现问题。这到底是谁的过错？花是无辜的，那个搬花的园丁才是“罪魁祸首”。

「5」

让孩子勇敢地犯错，让孩子多摔几次跟头，让孩子尝试不同的境遇，这远远比考上什么名校更有价值。

因为经常犯错的人，才会知道如何去规避错误；经常摔跟头的人，才会逐渐学会不摔跟头；经常遇见不同境遇的人，才会适应更多的环境。

达尔文那句经典的话，又在耳边回响——“能够生存下来的物种，并不是那些最强壮的，也不是那些最聪明的，而是那些对外界变化能做出快速反应的。”

让石头“漂”起来

尊敬的各位同仁，亲爱的同学们：

上午好！深秋已经远去，初冬悄然而至。在自然界中，春的萌动、夏的热情、秋的成熟、冬的安静，早已成为四季更替的定律。但是，我们的学习状态，不可以随着自然界的变化而变化，而应始终保持应有的激情。今天，我想跟同学们谈谈关于“激情”的话题，我讲话的题目是“让石头‘漂’起来”。

海尔集团创始人张瑞敏在一次中层干部会议上提出一个引发大家思考的问题：“石头怎样才能在水上漂起来？”大家的答案五花八门，有人说“把石头挖空”，张瑞敏摇了摇头；有人说把它放在木板上，张瑞敏说“没有木板”；有人说“石头是假的”，张瑞敏强调“石头是真的”……终于有人站起来回答：“速度！”

张瑞敏脸上露出满意的笑容：“你的答案是正确的！《孙子兵法》上说，‘激水之疾，至于漂石者，势也。’是速度，决定了石头能漂起来。”

在正常情况下，石头是不可能漂在水上的，因为物理学的常识告诉我们，石头的密度远远大于水的密度。但是，一旦有了速度，有了激情，石头就可以在水上漂着，并且会激起一道美丽的水花。张瑞敏引用《孙子兵法》上的话，是想告诉海尔集团的中层干部：企业发展只有永远保持速度与激情，才可能永立不败之地。

企业发展需要速度，人生也是如此，没有人为你等待，没有机会为你停留，只有与时间赛跑，才有可能会赢。如果成功也有捷径的话，那就是飞，时刻准备飞。

张瑞敏的这则案例，让我想起了一个故事：美国的大卫和吉姆曾同为一条铁路上的工人。20 多年后，有人问大卫为什么他仍在骄阳下的铁路上工作，而吉姆却成了铁路公司的总裁？大卫若有所悟地说：“23 年前我为 1 小时 1.7 美元的薪水而工作，吉姆却是为这条铁路而工作。”

美国潜能成功学大师安东尼·罗宾把这两个人的经历作为经典案例，他常常问听众：“如果你是个业务员，赚 1 万美元容易，还是 10 万美元容易？告诉你，是 10 万美元！为什么呢？如果你的目标是赚 1 万美元，那么你的打算不过是能糊口罢了。如果这就是你的目标与你工作的原因，请问你工作时还会兴奋、有劲吗？你还会热情洋溢吗？”

这个故事告诉我们，人生不能没有目标，生活不能没有梦想，学习不能没有激情。理想和激情往往是孪生兄弟，有了理想，才会有激情；有了激情，理想也才会一步步地实现。

但是，反观我们的一些同学，离激情学习的要求还有一定的距离：早读课上，一个班的读书声音不如一名学生的读书声音大；晚自习课上，有的同学“低头思故乡”，昏昏欲睡；数学课上，当老师问哪位同学会答这道题时，课堂上却是一片沉默；跑操的时候，有的班级的口号被凌乱的脚步声淹没……

这些不正常的现象，其实都是没有激情的表现。从今天起，我们已经走进了初冬，但学习的激情却不能走进初冬，而应步入激情燃烧的岁月。为了掀起激情学习的高潮，学校将从今天起，开展为期两个月的“点燃激情，超越自我”活动，此时此刻，作为校长，我期待你们呈现出新的姿态——

期待看到你们追梦的样子。什么是梦想？梦想就是未实现的希望，就是对人生美好而真诚的期待。有了梦想，并不代表着成功就在前方，因为前行之路漫漫，需要锲而不舍；有了梦想，并不意味着一定会成就辉煌，因为还需要激情的支撑。正如著名哲学家赵鑫珊在《哲学与当代世界》中所说的那样：“自古至今，人类最伟大的精神产品（科学的，艺术的和哲学的），无一不是出自一腔热情。”

期待看到你们激情的样子。有人做过这样的实验：把青蛙突然扔进开水里，青蛙的神经系统受到强烈刺激会迅速跳出去；但是若把青蛙放在凉水里，让水温慢慢上升，青蛙便浑然不觉危险存在，怡然自得地游来游去，等它感到热的时候，已经无力动弹，唯有坐以待毙。“温水煮青蛙”的案例告诉我们，如果对于激情疲软现象熟视无睹，我们就会默认甚至认同慢吞吞的现状，更会逐渐走向失败的边缘。

期待看到你们自主的样子。激情的人，往往都是自主意识比较强的人。著名作家贾平凹曾感慨地说：“这个世界上更多的人，是被别人安排着过完一生的……却从来没有真正自己为自己安排一件事情去做。人在这时候，最需要有一个凳子，你站上去，才会发现，你还有着许多没有挖掘出来的才能和智慧。”而这个凳子，其实就是能自主地作为。那么，如何挖掘自己的才能和智慧呢？唯有自主地选择自己的理想，自主地激发热情，才可能真正挖掘出自己的才能和智慧。

同学们，学习是一段艰苦的旅程，而激情是行进在这“艰苦的旅程”中的永恒的动力。有了这激情，面对高山时，你将“会当凌绝顶，一览众山小”；有了这激情，面对大海时，你将“长风破浪会有时，直挂云帆济沧海”；有了这激情，面对挫折时，你将“千磨万击还坚劲，任尔东西南北风”！

同学们，青春的样子最美丽，青春属于激情，青春属于理想，青春属于自主。作为校长，最期待看到你们跑操时气壮山河的样子，最期待听到你们早读时震耳欲聋的声音，最期待看到你们上课时专心致志的神态！

同学们！《曹刿论战》中说：“夫战，勇气也。一鼓作气，再而衰，三而竭。”学习宛如战争，期待同学们都能拥有一往无前的勇气，拥有势不可当的锐气，拥有“山高我为峰”的霸气，让石头“漂”起来，让青春“靓”起来，让明天“美”起来！

谢谢大家！

（本文为2019年11月11日作者在南京市溧水区第三高级中学升旗仪式上的讲话稿）

想想那蚯蚓

尊敬的各位同仁，亲爱的同学们：

上午好！上周，我和同学们交流了关于激情的话题。一个星期以来，各年级都在积极行动中体验着激情文化的魅力，高三年级表现最为突出。今天，借国旗下讲话的机会，我想和同学们交流关于专注的话题，我讲话的题目是“想想那蚯蚓”。

战国时期著名的儒学大师荀子在《劝学》中用蚯蚓和螃蟹作为例子。我们也许觉得荀子很有意思，规劝大家一心向学，为什么偏偏要用蚯蚓和螃蟹这两类小动物举例呢？

原来，蚯蚓没有锋利的爪牙，没有强健的筋骨，却能向上吃到新鲜的泥土，可以向下喝到土壤里的甘泉，这都是它用心专一的缘故。相反，螃蟹“六跪而二螯”，可如果没有蛇或黄鳝的洞穴，它就无处藏身，这是它用心浮躁的缘故。

如果从蚯蚓和螃蟹的对比看，用蚯蚓的案例来引导同学们专心致志，再恰当不过。可我在巡课的过程中，却发现了“不一样的风景”：

少数同学在课堂上不专注，不认真听讲，不积极思考，不参与讨论，甚至做小动作，做与学习无关的事；自习课上不专注，谈笑风生，玩手机，听音乐；即使到了宿舍里，有些同学依然把玩手机、看小说作为主业，晚上熬夜作战，白天昏昏欲睡……

种种表现，都让我认识到引导同学们学会专注的重要性，这也让我想起了一则故事：

有一次，一个朋友去看望福楼拜，福楼拜正伏在案前痛哭流涕，朋友问福楼拜：“你为什么哭得这么伤心呢？”福楼拜悲伤万分地说：“包法利夫人死了！”朋友以为出了人命案，便连忙问：“哪个包法利夫人呀？”福楼拜指着桌上一大卷稿纸说：“那就是我的包法利夫人呀。”他的朋友这才明白，包法利夫人原来就是小说《包法利夫人》中的主人公。

作为一名作家，福楼拜与小说中的人物同呼吸、共命运，与小说人物形成了“共同体”，创作达到了这种境界，他能不成功吗？反之则不然，正如鲁迅先生所言：“一个人做事不专，这样弄一点，那样弄一点，既要翻译，又做小说，还要做批评，并且也要作诗，这怎么弄得好呢？”

同样，作为一名学生，如果你能和课本形成“共同体”，和教材“融”为一体，学习达到这种境界，你能不成功吗？相反，如果你一边上课，一边想着如何玩手机、打游戏、看小说，一心多用，你又怎么可能学业有成？毕竟学习是一个艰苦的旅程，需要一心一意；毕竟读书是一项综合的工程，需要一门心思；毕竟求学是一次向上的攀登，需要一以贯之。否则，你“这样弄一点，那样弄一点”，和那个进入玉米地掰玉米的猴子又有什么区别呢？

借此机会，我期待同学们都能认识到以下几点——

专注，是一种向上的态度。

西方有句谚语说：“能够到达金字塔顶端的动物只有两种，一种是苍鹰，一种是蜗牛。”苍鹰能够到达，是因为它们拥有傲人的翅膀；而慢吞吞的蜗牛之所以能够爬上去，就是认准了自己的方向，并且一直专注地沿着这个方向努力。“一直专注”就是向上的态度，就是“不到长城非好汉”的态度，就是一心向前的态度。

美国作家玛格丽特·米切尔，她的一生只写了一部长篇小说——《乱世佳人》，她正是凭着专注的态度，才造就了这举世闻名的文学著作。玛格丽特的女佣人回忆说：“小说出版的当天，电话铃每三分钟响一次，每五分钟就有人敲门，每隔七分钟会有一份电报送上门来。”《乱世佳人》之所以闻名世界，是因为它浸透了玛格丽特一生的专注，蕴含着玛格丽特一生的心血。

专注，是一种超人的智慧。

对一件事情，专注一时者众，而始终专注者寡。可见，成功的路上并不拥挤，因为始终专注者寡。非洲豹猎杀羚羊的案例告诉我们，任何成功的背后，都有着坚持不懈的影子，专注，其实就是一种人生智慧。诸葛亮说：“非宁静无以致远。”唯有保持心中的宁静，保持那份专注，才能到达更远的地方。

专注，就是一种正向的积累。

专注就是朝同一个方向进行持续不断的发力。著名企业家冯仑说："想在人生的路上投资并有所收益，有所回报，第一件事就是必须在一个方向上去积累，连续地正向积累比什么都重要。"可见，专注能让我们目标更单一，更具战斗力，更有突破力。

我们知道，每个人的成长过程中都可能遇到"成长极限"，这就是心理学上的"高原反应"。如果我们不停地向一个方向加力，这些力就会出现"叠加效应"；反之，如果方向不一样，作用力就会发生分解，在正确道路上的力量就会减弱。美国著名作家马克·吐温曾说："只要专注于某一项事业，就一定会做出使自己感到吃惊的成绩来。"

当你上课开小差的时候，当你在宿舍玩手机的时候，当你晚自习偷看小说的时候，当你和同桌闲聊的时候，请你想一想那小小的蚯蚓，它为什么能"上食埃土"？它为什么能"下饮黄泉"？它为什么能走进荀子的《劝学》？一切的一切都源自它无可比拟的专一。

同学们，"不积跬步，无以至千里；不积小流，无以成江海"；不积专注，无以至明天。就让我们都做一个专注的人，用心倾听那远方的呼唤，去追寻和铸造那属于你们、属于家人、属于学校的无限荣光！

谢谢大家！

（本文为2019年11月18日作者在南京市溧水区第三高级中学升旗仪式上的讲话稿）

麦收印记

到了五月，离麦收的季节就近了。此时的小麦已经逐渐扬花，再过一些日子就是小满。晨读朋友圈，我看到了泗洪中学历史组同仁其兵兄发在“朋友圈”的一段文字：

我曾这样收割过麦子，运输过麦子，碾压过麦子，堆积过麦子，嬉戏于麦垛。午收的炎热和劳累被能解决温饱问题的希望淡化。回忆起来，都是丰富的生活阅历和砥砺前行的体验。

我和其兵兄一样，都是农人的后代。不一样的是，他的家在怀洪新河边，水利设施好，土壤属于平原的沙土，土地耕作和作物运输相对都比较容易。

可我的家在小红山脚下，属丘陵地带，土地高低不平，落差非常大，且土壤属于黄泥土，又硬又黏，没有水利设施，农作物收成几乎靠天。

每每想起农民的苦，我就会想起汉代晁错《论贵粟疏》中的文字：“春不得避风尘，夏不得避暑热，秋不得避阴雨，冬不得避寒冻，四时之间，亡日休息。”

农民的苦有很多，麦收之苦就是其中之一。

种麦的苦，苦在不知道有没有收成。

小麦扬花的季节，那星星点点的小花就像飘雪，远远看去非常壮观，就像袁枚笔下的“苔花如米小，也学牡丹开”。扬花之后，小麦就很快进入了灌浆期，如果在这关键的几天不降水，小麦的收成就会大打折扣，甚至会绝收。

而麦收的苦，苦在辛勤割麦的日子。

头顶骄阳，烈日似火，更为难以忍受的是割麦的时候必须全副武装，头发、袖口、领口必须包裹得严严实实，否则，黑黑的麦锈就会让你全身痒痒。气温本来就很高，还要包裹得像消防员，其痛苦难以言状。割了一天麦子，回家的时候，衣服不知道汗湿了多少次，那馊味飘了很远。一亲戚曾说，麦收的季节，农人衣服的味道连狗也不愿闻。

麦收的苦，也苦在不期而至的暴雨。

麦收的季节，正逢梅雨季节，暴雨说来就来。有时候，万里乌云，突然一下就会雷雨交加，如果没有及时收拾完正在晾晒的麦秆或麦粒，一年的收成就可能随着流水而去。农民把暴雨前紧急收拾打麦场的过程叫“抢场”，那是在和时间赛跑，更是在和天公抢粮食。“抢场”的过程中，农人早已把痛苦、疲惫全部抛到了脑后。

麦收的苦，当是苦在麦收的每一个瞬间。

割麦子的时候，你要面对那烈火般的骄阳；捆麦子的时候，你的手随时可能被刺破；用平板车运输麦子的时候，弄不好随时可能翻车；打麦子的时候，会随时遭遇不期而至的雷暴雨；扬麦子的时候，变向的风会让麦草末迷住你的双眼……

工作地点越来越远，故乡也越来越远，麦收的记忆也越来越远，但种麦收麦给予我的感悟似乎越来越近，越来越深：

其一，黄金期一瞬而过。小麦的生长是有自己的黄金期的，在灌浆的那几天，如果天旱无雨，农民就会没有收成；割麦子也是有黄金期的，如果在收麦子的这两周，农民不抓紧劳作，一旦进入了梅雨季节的中期，天天下雨，收获的希望就会在暴雨中破灭。

其二，收成源于苦难。农民都知道，收麦子的日子最难熬：骄阳似火，刺挠难挨，馊馊的衣服，和那往往不期而至的暴雨……大凡难熬的日子都是人生历练的精华，熬过去就会获得千倍万倍回馈。

其三，收获在于坚持。农民割麦的时候，面对骄阳，面对一望无际的麦田，面对馊馊的衣服，面对满身的瘙痒，恨不得马上放下镰刀；但一想到这十几天的坚持，蕴含着全家人一年的希望，就会咬牙坚持下去。

2019 年的时候，我和历史组的同仁编写了一套高考二轮复习资料，封面我选用了农民在打麦场劳动的图片。

我选用这幅图片，是想告诉高三学子：即使是二轮复习，也需要像打场一样，需要夯实基础，需要一遍又一遍地重复。

周国平曾说："一个不曾用自己的脚在路上踩下脚印的人，不会找到一条真正属于自己的路。"

我想，那关于麦收的痛并快乐着的经历，大概就是我们青少年时代"踩下的脚印"，它让我们去寻找自己的路。

麦收的印记告诉我——有时候，苦难中孕育着辉煌。

仆人，还是主人

「 1 」

又到一年高考放榜时，有一个问题始终在心头萦绕：让广大家长、考生揪心的高考成绩，其背后的决定因素到底是什么？

「 2 」

先让我们来看看一则关于“试金石”的故事。

一个人从一本书的夹缝里偶然得到了一张小纸条，上面写着试金石的秘密：试金石和其他石头相比，摸起来是温暖的，试金石还可以把任何石头变成纯金。

这个人立即赶到大海边寻找试金石，他满怀信心地挑选鹅卵石，可那些石头摸起来都是凉凉的，他只好把石头一块一块地扔进大海里，这样的动作他坚持了十年。

第十年的某一天，他再次来到了海边，习惯性地把一块鹅卵石扔向大海，就在他出手的那一瞬间，他感知到了石头的温暖，可一切都晚了……

从这个故事中，我们看到了习惯的力量，这个年轻人早已习惯了向大海扔石头，即使面对“试金石”，他也会照样扔出去。

「 3 」

这个故事其实就是一种隐喻，充分说明了习惯在一个人的成长过程中的重要作用：如果坏习惯成为孩子的主人，孩子只能错失一次又一次的机遇。习惯就是一种行为的惯性，它会让你沿着固有的轨道前行：就像这个故事所说的那样，即使“试金石”在你面前，你也会像对待其他普通石头一样去对待它。习惯就是一种量的积累，总有一天会产生质的变化，高考其实就是对每个孩子通过 12 年的基础教育养成的学习习惯的终极验证：你到底有没有良好的学习习惯？

「 4 」

既然习惯在一个人的成长过程中如此重要，那么孩子的习惯形成的源头又在哪里？

源头之一，是孩子的家庭环境。古人说“虎父无犬子”，这是有一定道理的。一个家庭，如果父母有一身坏习惯，却偏偏想培养孩子的好习惯，这无异于天方夜谭。我们在生活中常常会遇见这样的怪现象：父母时刻捧着手机，却要求孩子不玩手机；父母生活善于钻营，却要求孩子踏实求学；父母每天玩心很重，却要求孩子静心学习……

源头之二，是孩子的朋友圈。在孩子成长过程中，其朋友圈对孩子影响巨大。共同语言是朋友圈的基础，如果共同语言是向上的，则朋友圈就是积极的，反之亦然。

源头之三，是家长、老师对习惯培养的重视程度。如果你认为孩子还小，习惯培养以后再说，那么你已经错过了孩子习惯培养的黄金时期，孩子 90% 的习惯都是在儿童时期培养的。

「 5 」

既然习惯在一个人的成长过程中如此重要，那么哪些好的学习习惯需要我们去着力培养呢？

其一，提前预习的习惯。提前预习，会让孩子掌握初步的学习方法，会让他了解知识的难点，会让他在正式学习时更加用心地去体验。其二，认真记笔记的习惯。认真记笔记并不意味着要把老师说的所有内容都记录下来，而是结合自己的实际去记录，记住老师讲课的“关键点”和自己的“疑惑点”。其三，及时复习的习惯。“艾宾浩斯曲线”的规律告诉我们：遗忘在学习之后立即开始，而且遗忘的进程并不是匀速的，最初遗忘速度很快，以后逐渐缓慢。根据这一规律，及时复习的习惯对孩子的发展至关重要。其四，有疑必问的习惯。现在孩子学习的最大问题，往往就是其学习过程中没有任何问题问老师。学问学问，没有问题的学习，也不是真正意义的学习。

一名优秀孩子的好习惯还有很多，如计划性学习的习惯、规范书写的习惯、边读边写的习惯、及时整理的习惯、帮助他人答疑的习惯……

「6」

每年高考放榜的时候，人们往往更关注那些高分孩子的光环，很少有人去关注“光环”背后的习惯。

美国著名作家爱默生曾说：“习惯不是最好的仆人，便是最坏的主人。”当好习惯成为孩子的仆人，他自然就会脱颖而出；同样，当坏习惯成为孩子的主人，孩子自然就会被淘汰。

又到一年放榜时，面对“学霸”，当我们“惊慕她现时的明艳”时，更要关注“明艳”背后的习惯：到底是仆人，还是主人？

静能生慧

尊敬的各位家长朋友，尊敬的各位同仁，亲爱的同学们：

早上好！今天，离高考只有 13 天，在这冲刺高考的关键时刻，家长们在静心企盼孩子们的全力起跑，老师们在静心等待同学们的花儿绽放，学校在静心期待学子们的奋力撞线，在这个一触即发的时刻，静心往往是我们最好的选择。我今天讲话的题目是“静能生慧”。

在《庄子》里，有这样一则小故事：

鲁国有个小木匠叫梓庆，他奉命为鲁国公制作悬挂钟鼓的木柱。一段日子后，他做出来的木柱精美绝伦，让人叹为观止，人们都纷纷称赞他那精湛手艺，连鲁国公也非常好奇。

于是，鲁国公就召见了梓庆，询问他木柱制作的奥秘。梓庆说：我在接到您安排的任务后，并没有立马去做，而是先去静心斋戒。斋戒到第三天时，我就忘记了“庆赏爵禄”，对功名利禄不再纠结；斋戒到第五天时，我就忘记了“非誉巧拙”，对他人的评价不再纠结；斋戒到第七天时，我已经达到了忘我之境，完全忘记了在给国君您做事情。

这个小木匠的故事告诉我们：当你不再纠结是否成功时，你才更有可能成功；当你不再在乎他人评价的时候，你才可能获得他人更高的评价；当你达到忘我的境界的时候，也是你最接近成功的时候。

同学们，离高考还剩下 13 天，在这大战前的时刻，我们需要心若止水：不浮躁，专注地做好每一道题，做到“一题一得”；不急躁，冷静地查漏补缺，做到“一课一得”；不焦躁，时常回忆最成功的一次考试，做到“一天一得”；不烦躁，理性地处理好与同学、与家长的关系，做到“一事一得”。

还有一个故事也非常有趣：

法国的钟表大师布克，曾因反对罗马教廷而锒铛入狱。囚禁期间，监狱长安排他制作钟表。布克发现，无论狱方采取什么高压手段，无论自己如何努力，都不能制作出日误差低于 1/10 秒的钟表。

一开始，布克以为是制作钟表的环境太差，后来布克越狱逃跑回到了家中，他制作钟表的水准竟然奇迹般地恢复了。此时，布克才发现真正影响钟表准确度的不是环境，而是制作钟表时的心情。

基于这段神奇的经历，布克提出了一个大胆的推论：建造埃及金字塔的一定是一群怀有虔诚之心的自由人，而不是奴隶。他的这一推论，推翻了著名历史学家希罗多德的结论。在 400 多年后的 2003 年，埃及的考古发现最终证实了布克的推论是正确的。

这个钟表匠的故事告诉我们：再高超的技艺，都需要工作时的良好心情；没有好的心情，很难达到成功的境界。高考是难度特别高的竞争，同样需要良好的心情与静心。

同学们，良好的心情，就需要我们有一颗安静的心，冷静地观察世界，冷静地剖析事理，冷静地应对挑战。静，不必避开车马喧嚣，只需在心里修篱种菊。当你心静的时候，就是你离真理最近的时候，整个世界都在倾听你的心声！

古人云：“静能生慧。”静是一种优雅，不以物喜，不以己悲；静是一种智慧，不会盲动，不可妄语；静是一种境界，在最安静的情境里，冷静地面对人生的挑战。

晚清著名政治家翁同龢，有一副对联：每临大事有静气，不信今时无古贤。高考就是人生的大事，它在一定程度上决定着一个人的未来发展方向，越是关键时刻，越需要我们静下心来，沉着应考！

同学们，备考的时候，需要你们有一颗冷静的心，冷静分析利弊得失；高考的赛场，同样需要你们有一颗冷静的心，冷静应对每一道试题。同学们，你的急躁、你的盲动、你的焦灼，其实都是在给对手送分！

当一个人放下过多的杂念，去静观内省，会获得一种无比强大的力量。人最终要战胜的不是他人，恰恰是自己。

同学们，静可去躁，静能生慧，人唯心静，方得从容。在这冲刺的最关键时刻，老师送你们一味“冷静丹”，希望你们冷静、冷静，再冷静，高举理性的旗子，冷静地走过高考的烽烟，去成为最好的自己！你们注定是学校的荣光，更注定是你们自己的荣光！

谢谢大家！

（本文为 2021 年 5 月 24 日作者给南京市溧水区第二高级中学高三学生的国旗下的讲话稿）

世间何物抵万金

「 1 」

昨天下午，一名学生发来的信息把我带到了十一年前：那个年代，本科录取率还不是很高，一些孩子自暴自弃，认为自己考不上本科。发信息给我的这个学生就是其中一个：虽然我们苦口婆心地劝导，但是她和她的小伙伴们依然不为所动，消极备考，结果自然不佳，高考后上了专科。

毕业后，她到一所民办学校执教，成效斐然，学生喜爱，家长认可，领导称赞，正当她的事业如日中天的时候，她毅然选择了考研，让领导和同事都不能理解。

「 2 」

其实，一开始我也不能理解，在我看来，她大学毕业已经快十年了，既然工作已经稳定且成绩突出，在这样的背景下，当务之急是找对象，而不是去读研。倒是她的信息，为我解了谜。

她在信息中说："老师，我真的觉得人生如棋，一着不慎，满盘皆输。时间总会报复曾经不学习的人……曾经高中不努力学习的孩子，究竟要多努力，才能一步一步实现自己的梦想呢？"

她还说："工作中无论取得什么小成绩，我只是当时快乐，一会儿就没了。我知道每年高考季我还是会难过，看到那些金榜题名的学子羡慕不已。"

「 3 」

之所以选择读研，是因为她对当年没有考上本科耿耿于怀。在她看来，即使她参加工作后拼命努力，也弥补不了当年没有上本科的缺憾：因为第一学历是专科，无论评职称、评学术荣誉，还是提拔重用等关键时刻，她都会觉得矮人一头，所以，她发出了"时间总会报复曾经不学习的人"的慨叹。

是什么，让一个人在高中毕业十一年之后，依然对当年高考的缺憾心痛不已？在我看来，是社会现实教育了她。正是有了这样的现实，以至于无论工作取得什么样的成绩，她也“只是当时快乐，一会儿就没了”，每年高考发榜时，她“还是会难过”。

「4」

我经常在“朋友圈”看到这样的段子：“其实文凭不过是一张火车票，清华的软卧、本科的硬卧、专科的硬座、民办的站票。火车到站，大家都得下车找工作，才发现老板并不太关心你是坐什么来的，只关心你会干什么。”其实，这些“鸡汤”无非是用来劝慰那些高考失利者的，真实的情况是，每一个用人单位都非常看重第一学历。

「5」

错误的确是最值钱的，因为，聪明的人会从错误中总结失败的教训，去规避未来的新的错误。“失败是成功之母”这句话是说给那些正确对待失败或错误的人的，如果我们在失败面前投降了，或者不及时总结经验，失败或错误永远成不了“成功之母”。因此，“错误最值钱”是有条件的，那就是正确地去对待错误。

「6」

错误有时也是不值钱的，如果你没有看到错误的价值，没有从错误中激发向上的力量，没有从错误中看到成功，在这样的情况下，错误就一文不值。还有一种情况，即使你意识到错误的价值，但岁月流逝，已经不允许你改正错误，在这样的情况下，错误也一文不值。

那个“作个才人真绝代，可怜薄命作君王”的南唐后主李煜，为君不惜，国家败亡，到身陷囹圄的时候，他才发出“独自莫凭栏，无限江山，别时容易见时难。流水落花春去也，天上人间”的慨叹，又有什么意义呢？整首词，只是透露出李煜这个亡国之君绵绵不尽的故土之思，仅仅是一曲宛转凄苦的哀歌而已。

「 7 」

世间何物抵万金？道理是非常浅显的。假如我们的孩子都能明了这个道理，他们就不会肆意浪费青春，让时光虚度；他们就不会把手机作为生活的必需品，成为日夜所思；他们就不会把游戏作为主业，放弃向上的追求；他们也不会青春萌动，相思早恋……

世间何物抵万金？是南唐后主李煜，身陷囹圄时才得出的人生真谛；是我那位学生，用了十一年才悟出的道理。

可现实生活中，这样的故事还在无数次重演，难怪意大利历史学家克罗齐说，“一切历史都是当代史”，因为，历史总是有惊人的相似之处。

孩子，你“不相信”的精神丢了

「1」

1931 年 9 月，一名苏州籍的学生考入了清华大学，入学时，他的国文和历史都得了满分，但数学、物理、化学、英文四科总分只有 25 分，中文系、历史系都想录取这名学生。

他到清华园的第三天，九一八事变爆发了，在这样的背景下，他决定进入物理系学习，以报效国家。因为他的数理化成绩太差，当时清华物理系的吴有训教授坚决不同意录取他为物理系新生。

但这位同学并没有气馁，他每天都到吴有训的办公室“软磨硬泡”，弄得吴有训实在无法办公，不得不同意他到物理系试学一个学年，条件是大一结束时数理化成绩必须每科达到 70 分以上，否则就转到中文系就读。

在大一结束的时候，这位同学在物理系的所有科目都达到 70 分以上，三年后以优异成绩从物理系毕业。他后来成为中国著名的物理学家，在物理学、应用数学、中文信息学等领域都取得了重要突破，他就是著名科学家钱伟长。

「2」

面对薄弱的数理化成绩，面对物理系高难度的学习内容，钱伟长不相信自己学不好，并立下军令状，确保在大一结束时数理化每科成绩达到 70 分以上。通过努力，钱伟长不仅实现了自己的愿望，而且以优异成绩从清华物理系毕业，并继续师从吴有训先生读研，终成一代物理大师。

反观我们今天的教育过程中，孩子稍微遇到困难，就会知难而退。在成功的道路上，许多人戛然而止在“知难”上，在“退后”上。在孩子成长的过程中，他们最缺少的，往往就是“不相信”。

「3」

在教育过程中，我们要引导孩子具有“不相信”的精神——

莫做“空想客”。一些孩子理想总是丰满的，目标总是高远的，我们要引导孩子在树立远大理想的同时，不做无谓的空想客，要做真正的实干家。做实干家，就需要有“不相信”的精神，因为在前行的路上，布满荆棘，需要一往无前，需要克服艰难险阻，需要相信没有战胜不了的困难。

莫做“摇摆者”。一些孩子在学习过程中，一旦遇到困难，就开始后悔当初的努力；一旦发现别人成功了，就后悔当年的放弃。他总是在左右摇摆中耽误了青春，丧失了成功的机会。“滴水穿石”的案例告诉我们，坚持下去，总有意想不到的惊喜；朝一个方向努力，总会迎来有曙光的日子。

莫做“预言家”。一些孩子在发展过程中，一旦遇到困难，就会成为“预言家”：预言自己完不成既定的目标，还不如“路烂早脱鞋”。当你已经预言自己有失败的前景时，你学习起来还会很有干劲吗？通往成功路上的“预言家”，不知害了多少前行的人。

「4」

在多年前的那场抗美援朝战争中，志愿军战士身着秋装，从东南沿海紧急进入朝鲜战场，面对常常被美军炸毁的后勤保障线，面对陌生的朝鲜山地地形，面对零下三十摄氏度的极端低温天气，面对装备了世界上最先进武器的美军，他们不信邪、不服输，把生命置之度外，演绎了一曲以弱胜强、以少胜多的战争传奇！

传奇的背后是精神，精神的背后是血性。总结抗美援朝胜利的精神力量，就是特级战斗英雄杨根思的三个“不相信”：不相信有完不成的任务，不相信有克服不了的困难，不相信有战胜不了的敌人。

「 5 」

在古希腊神话中，西西弗斯每天都在推着石头上山。人生很多时候就像西西弗斯在推石头上山，更多的时候，前行的道路并不是我们自己选择的，我们没有后退、摇摆或空想的机会。

现实生活中，一些孩子总是在空想中慢慢后退，在摇摆中丧失战机，在“预言”中彻底放弃。今天的孩子，似乎什么也不缺，往往最缺失的，就是这种“不相信”的精神。

第五辑

教育·生活
——孩子，慢慢你就会明白

《道德经》云：“人法地，地法天，天法道，道法自然。”万物同理，教育的规律就蕴含在生活之中。在教育过程中，我们要引导孩子和生活保持“零距离”：学习于生活，从生活的点滴中汲取丰富的营养；实践于生活，将所学知识运用于生活。

孩子，慢慢你就会明白

尊敬的各位老师，亲爱的各位同学：

上午好！又值盛夏，骊歌再起。在这感伤离别的时刻，我想最后一次给大家谈谈“人生的宝贝”。万千世界，道理很多，但生活中常常有这样的现象：人们对于道理都是后懂的，而且当懂的时候往往都迟了。即使是这样，作为老师，我也想将一些最基本的道理告诉大家，也许这会让你在未来的日子里少走一些弯路。

其一，非感恩无以致远。

早在先秦时期，中国第一部诗歌总集《诗经》中就有这样的诗句：“投我以木桃，报之以琼瑶。匪报也，永以为好也！”这个诗句后来演绎为成语“投桃报李”，比喻友好往来。《本草纲目・禽部》中也记载：“此鸟初生，母哺六十日，长则反哺六十日，可谓慈乌矣。”后来，这个记载衍生为我们熟知的成语“乌鸦反哺”。投桃报李、乌鸦反哺、羊羔跪乳……这都说明，重视感恩是中国文化的传统，作为新时代的青少年，我们不能只把文化自信挂在口头上，更要落实到行动中去。

同学们，我们身边总有少数人，认为父母、老师或他人的付出都是理所应当的，而物理学上的能量守恒定律告诉我们，能量既不会凭空产生，也不会凭空消失，它只能从一种形式转化为别的形式，或者从一个物体转移到别的物体。物理学的常识启迪我们，没有付出，又哪来的收获？一味地索取，又哪来的回报？孩子，慢慢你就会明白，没有感恩之心的人，是永远走不远的，所以说，“非感恩无以致远”。

其二，非自律无以登高。

日本著名作家村上春树每天凌晨4点起床，写作5个小时，下午跑步1个小时或者游泳1.5个小时，然后读书、听音乐，晚上9点整准时就寝。村上春树的行为看上去非常地机械，但是，正是这种看似呆板的自律，成就了他一系列高品质的小说。要知道，几乎所有优秀者的背后，都是苦行僧般的自律；所有站在高处的人，都经过千万次自律的磨砺。

一位作家告诫青年人："不要为蝇头小利而放弃自己的理想，不要为某种潮流而改换自己的信念。"同学们，在未来的岁月中，你可能要面对形形色色的诱惑，而自律无疑就是抵御诱惑的最好武器。南怀瑾曾撰文《最大的管理学：自我管理》，他说："伟大的事业是人做出来的，人最难的是管理自己。"孩子，慢慢你就会明白，真正的自由，不是随心所欲，而是能真正自我主宰。

其三，非团队无以共生。

自然界有这样一种现象：当一株植物单独生长时，显得矮小、单调，而与众多同类植物一起生长时，则根深叶茂，生机盎然。人们把植物界中这种相互影响、相互促进的现象，称为"共生效应"。英国卡文迪许实验室在20世纪共出现了20余位诺贝尔奖获得者，这便是典型的"共生效应"。"共生效应"告诉我们：和优秀的人在一起很重要，因为他可以让你变得更优秀；和团队成员一起发展很重要，众人划桨开大船，团队成员之间本来就是相互依存、和谐统一的关系。

同学们，在未来纷繁的人与事面前，老师希望你们莫固执己见，莫意气用事，始终站在正义的一边，始终从大局出发，把团队的利益作为最高的利益，向正确的方向前进，正如一句谚语所说的那样："要想走得快，就一个人走；要想走得远，就一群人走。"孩子，慢慢你就会明白，心中有团队，团队才有你。心中无团队的人，团队里即使位置再多，也永远没有他的位置。

其四，非宽容无以广博。

清朝名臣张英，曾万里修书劝导家人不要和邻居计较房屋地界："一纸书来只为墙，让他三尺又何妨？长城万里今犹在，不见当年秦始皇。"其家人见书明理，把墙主动退让三尺；邻居见此情景，深感惭愧，也马上把墙向后让了三尺，"六尺巷"的故事从此流芳后世。"六尺巷"的故事告诉我们：当你宽容了别人，不但给了别人机会，更给了自己机会，因为你赢得了别人的信任和尊敬，也营造了和睦相处的良好环境。

同学们，《道德经》中说："天地所以能长且久者，以其不自生，自生则与物争，不自生则物归也。故能长生……非以其无私邪，故能成其私。"天因其无私，而成其广；人因其无私，故能成其私。那些彪炳千秋的先贤，又有谁不是拥有广博胸怀的人？大海之所以成为大海，是因为它不拒溪流；森林之所以成为森林，是因为它不绝小树；高山之所以成为高山，是因为它不弃尘埃。孩子，慢慢你就会明白，海纳百川，有容乃大，人因其无私，故能成其私，不争，其实是最高境界的“大争”。

同学们，说道理似乎都很容易，但践行道理需要我们付出毕生的努力。明代大儒王阳明倡导“知行合一”，就是引导人们要用“良知”去指导自己的实践，让“良知”和“行动”合二为一。期待同学们都能明了这些基本的道理，并在实践中践行，同时也要理解我和你们说这些道理的初衷，一个路人绝不会告诉你们这些。

各位同学，领了毕业证，你们就成了这所高中的校友。各位校友，将来开车导航的时候，老师希望你们永远不要忘记输入“毓秀路 5 号”，因为毓秀路 5 号是你们永远的家——走得再远，不要忘了回家的路；飞得再高，不要忘了故园的方向。

谢谢大家！

后记：2022 年 6 月 15 日上午，我们在南京市溧水区第二高级中学体育馆举行了 2022 届高三毕业典礼，在这感伤离别的时刻，我最后一次以校长的身份给孩子们畅谈一些人生道理。由于体育馆音响的原因，也许很多孩子没有听清楚我的致辞，但愿他们都能看到这篇文章。

长在山上的菱角

「 1 」

前不久，我受邀担任一所南方名校“优课节”的评课嘉宾，在我开始评课之前，一些来自名校的同仁们已经纷纷表达了自己的意见。

他们的意见近乎一致，都从不同的视角肯定了执教者的亮点：或教学立意新颖，或历史线索清晰，或课堂气氛活跃，或史料运用自如……在评课的结尾，他们也委婉地提出少许建议：假如我上这一课，我在某一环节的处理方式是……

我知道，所谓公开教学，大多是在“不公开”的情况下“研磨”出来的，这就是所谓的磨课。小时候，我经常到邻居家的豆腐坊去玩耍，常常看到磨豆腐的场景。没想到，这项技艺会被借用到今天的公开教学的准备过程中。

同仁们的赞美声终于画上了句号，大家都把视线转向了我，我没有评判这节课的优劣，而是开启了关于课堂教学“重构”的话题。我悄悄地观察了其中一位年轻的授课者，他的脸色“由晴转阴”，看来是因为我没有及时对他的教学给予肯定。

「 2 」

昨天晚上，我和爱人在家中讨论如今评课的潜规则：以“抬轿子”为主，委婉建议为辅；以刻意吹捧为主，蜻蜓点水地批评为辅。对于授课者而言，他们也乐于接受吹鼓手们的吹捧，如果偶有不识时务者指出其不足，授课者往往会心生不满，上述那位脸色“秒变”的同仁就是一例。

当我正和爱人激烈讨论的时候，她的电话响了，是她班上一个孩子的家长打来的。原来，那个孩子在今天上午的数学考试中，涉嫌抄袭邻近孩子的试卷，被数学老师严肃批评了。

家长在电话中反复强调，她的孩子很诚实，成绩也很好，不会在考场作弊，“也许是她偶尔歪头的动作被老师误解了，也许是小孩子之间的恶作剧恰巧被老师看到了……”

这位家长特别能说，几乎不给我爱人解释的机会。在她的心目中，她的孩子多么乖巧，即使偶尔犯错，那也是受习惯差的同学影响的结果。

放下电话，爱人只能苦笑一声：“这样的家长，和你刚才说的那位瞬间脸色‘秒变’的同仁差不多，只能接受表扬，有缺点却怕人指出来。”

爱人的话，让我想到明代笔记小说中的一则故事。

「 3 」

明人江盈科在《雪涛小说》中记载了这样一段故事：

北人生而不识菱者，仕于南方，席上啖菱，并壳入口。或曰：“啖菱须去壳。”其人自护所短，曰：“我非不知，并壳者，欲以清热也。”问者曰：“北土亦有此物否？”答曰：“前山后山，何地不有！”夫菱生于水而曰土产，此坐强不知以为知也。

这个故事的大意是一个出生在北方的人不认识菱角，到南方做官，他在酒席上吃菱角，连菱角壳一起放进嘴里吃。有人对他说：“吃菱角必须去掉壳再吃。”那人为了掩饰自己的缺点，说：“我并不是不知道，连壳一起吃进去可以清热解毒。”问的人说：“北方也有这种东西吗？”他回答说：“前面的山后面的山，哪块地没有呢？”菱角生长在水中，他却说是土里生长的，硬要把不知道的说成知道的。

这个故事就是护短的经典案例，在护短的人眼里，北方的土里也是可以生长菱角的，菱角可以长在山上，菱角的壳可以清热解毒。现实生活中，这种自护己短的现象也太多了。

「 4 」

学校中，总有少数这样的学生：做作业时会“借鉴”一下同学的答案；考试时偶尔也会抄袭邻桌的卷子；考试成绩落后，回家却跟父母说这次没有发挥好……

工作中，也有这样的班主任：写给孩子的评语往往是赞美，只是在评语的结尾偶尔提几点希望——即使是希望，也很难说和批评画等号，因为其经常用“进一步”来表述。

比起老师来，少数家长的做法更是有过之而无不及，在这些家长的眼中，自家的孩子总是最优秀的，即使偶尔“失误”，也是或因“少不更事”，或受同学影响，或仅仅是恶作剧而已。

比起少数家长来，一些教学专家的评课更是多少有点离谱：在那些所谓专家的眼中，年轻教师上课的缺点可以成为优点，些许的优点也可以被放大，隐恶扬善式的评课，害的不仅是被评课的教师，也不仅是参加活动的受众，更是正常的教育研讨风气。

「5」

孩子的一句“没有发挥好”的掩饰语，老师的很多赞美的评语，家长的所谓少不更事，专家的隐恶扬善式的点评，其实都在不约而同地做着同一件事，掩盖自己和他人的缺点：原本在水里的菱角，成了长在山上的菱角。

当人们都生长在一个只能受表扬、不能被批评的环境里，久而久之，人们就很难知道自身的缺点；当有人指出他的缺点的时候，他就本能地感到不舒服，因为在他看来，批评者是在故意为难他。

人都会有不足，承认了就好；人都会有缺点，改了就好。鲁迅先生说过：“有缺点的战士终竟是战士，完美的苍蝇也终竟不过是苍蝇。”在“战士”和“苍蝇”这道选择题的面前，我们该何去何从？

「6」

古代有一则笑话，说一个人把枇杷两个字误写成了“琵琶”，有人写诗讽刺他：“枇杷并非此琵琶，只怪当年识字差。倘若琵琶能结果，满城箫鼓尽飞花。”

看来，琵琶是不能开花的，更不能结果；同样，山上是不能长菱角的，因为菱角是水中的骄子。

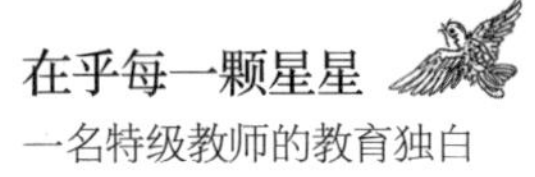

菱角明明是水中之物，有的人却偏偏说它长在山上，本想掩盖自己的无知，却让自己的无知进一步放大。

教育者应该引导孩子认识到，错误就像一面镜子，照出人生百态，人要正确对待自己的短处，有问题就是有问题，遮也遮不住，护短本身就是一短，护短的结果只能是“越护越短”。

「 7 」

但愿，菱角永远只生长在清清的水中，因为那里是它的故园，那里清澈见底，那里清风徐来，那里波澜不惊……

没有人是一座孤岛

「 1 」

2019 年 4 月 16 日（当地时间 4 月 15 日）凌晨，法国巴黎圣母院突然燃起熊熊大火，其标志性的塔尖也轰然倒塌，那一刻，全世界为之惋惜。世界闻名的古建筑遭大火烧损，一些中国网友又是怎么看的呢?

面对极少数网友的不理性的声音，更多的网友认为，巴黎圣母院不单单是法国的，更是人类文明的瑰宝，它的被毁不只是法国的损失，也是人类的损失。我们不能因为历史上的英法联军火烧圆明园，而对巴黎圣母院火灾感到心情舒畅。同样，圆明园的被毁也不只是中国人民的悲哀，更是全人类的悲哀。

「 2 」

这则新闻让我想起几天前与一名高二学生的谈话，他的班主任告诉我，这个孩子数学成绩非常棒，但每当有同学问他数学题时，他常常说“不会”，老师和同学们都说他很“独”。

当面对我时，他反复解释自己学习非常忙，学业压力大，的确没有更多的时间去帮助同学解决问题，他还说：“有时我也想给同学们解答，但又担心说错了；有时又想，帮助同学解题应该是老师的任务。”

我接过话茬儿对他说，帮助学生解决问题，的确应该是老师的责任，但是，“兵教兵”的结果可能对双方都是有利的，效果也会更好。

我还对他说：“你帮助同学解数学题，至少有三个收获：一是会因为帮助了别人而让自己收获了友谊，收获了快乐。二是会让你自己的学习水平得以提高，因为你讲了一遍，会加深对题目的理解。三是会在一定程度上提升班级的数学成绩，也会让团队的成绩得以提升。这是‘三全其美’的事情，又何乐而不为呢？”

“倘若你始终抱藏着所学的知识，等于捆住了你远行的腿脚，等于缚住了你高飞的翅膀。你说呢？”我又问他。

「 3 」

这个孩子似懂非懂地点了点头。我没有立即让他回班，而是让他当着我的面，朗读了我事先给他准备好的英国著名诗人约翰·多恩的诗歌《没有人是一座孤岛》：

没有人是一座孤岛，
可以自全。
每个人都是大陆的一片，
整体的一部分。
如果海水冲掉一块，
欧洲就减小，
如同一个海岬失掉一角，
如同你的朋友或者你自己的领地失掉一块。
任何人的死亡都是我的损失，
因为我是人类的一员，
因此，
不要问丧钟为谁而鸣，
它就为你而鸣。

「 4 」

这个孩子知识面很宽，他读完后就告诉我：“好像美国作家海明威有一部名著，就叫《丧钟为谁而鸣》。”

我问他：“你读过吗？”

他说：“没有，只是听说过。”

“上面的这首诗，是 17 世纪英国玄学派诗人约翰·多恩的诗，后来，因为其中的‘丧钟为谁而鸣’被海明威引用作为书名而闻名遐迩。”我对他说，“那你读了这首诗之后，我们可以交流一下感受吗？”

他略做思考，告诉我：“老师，这首诗歌，是不是在说人和人之间都不是孤立的？”

「5」

我对这位同学说：“你的判断没有错。这首诗歌实际上在告诉我们，在任何时候，我们都不能袖手旁观，因为团队是一个命运共同体；我们都不要幸灾乐祸，因为人与人的命运休戚相关；我们都不要视而不见，因为他人的灾祸可能也就是我们的灾祸。”

“再换个视角看，其实不仅人和人之间不是孤立地存在，人与自然中的一切事物也都是有关联的，人永远是自然界的一部分。”我又说。

“不要问丧钟为谁而鸣，它就为你而鸣——这句诗说得多深刻呀，但能够认识到这个道理的人却很少很少。你说呢？”我又问他。

他这次重重地点了点头。

「6」

一则新闻、一首诗歌、一名学生，看起来三者互不相干。但是，他们又是相关联的，因为，世界上万事万物都是相互联系的。

1963年，美国气象学家爱德华·罗伦兹曾在一篇论文中论述了“蝴蝶效应”。在这篇论文中，他很诗意地用蝴蝶举了例子：“一只南美洲亚马孙河流域热带雨林中的蝴蝶，偶尔扇动几下翅膀，可以在两周以后引起美国得克萨斯州的一场龙卷风。”在罗伦兹看来，事物发展的结果，对初始条件具有极为敏感的依赖性。

“蝴蝶效应”启迪我们教育者，在教育过程中，对孩子身上显现的问题或不足，不能等闲视之，也不能以小毛病、小问题淡化，更不能把孩子的问题简单归咎于性格因素。“蝴蝶效应”告诉我们，事物发展总是相关联的，谁又能保证，孩子身上所显现出的所谓小毛病，不是那只南美洲亚马孙河流域热带雨林中的蝴蝶扇动的翅膀，不会引发未来发展路上的一场龙卷风？

“蝴蝶效应”还启迪我们教育者，在教育过程中，要引导孩子拥有大格局，要在更高的视角上看待自己和团队的关系，在前行的路上，对待团队的发展，不能做袖手旁观者。要善待团队的成员，帮助别人其实就是帮助自己，因为你也是团队的一员；要善待团队的利益，团队利益是每个人利益的最大公约数，因为“皮之不存，毛将焉附”。

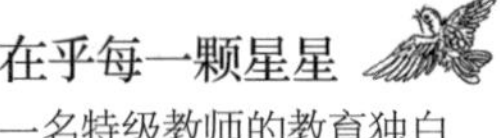

看着孩子远去的背影，我期盼他能领悟“没有人是一座孤岛”的深刻内涵；看着网上关于巴黎圣母院和圆明园的热议，我期待网友们能对“不要问丧钟为谁而鸣”有更多理性的认知。

鲁迅先生曾说：“无穷的远方，无数的人们，都和我有关。”看来，鲁迅先生也认为，这个世界上没有人是一座孤岛。

阅读，为了遇见更好的自己

尊敬的各位同仁，亲爱的同学们：

上午好！刚才，我们在这里为本次阅读比赛 128 名获奖的同学颁奖，在向获奖的同学们表示祝贺的同时，我也想借此机会，和各位同仁、各位同学谈谈阅读的话题，我讲话的题目是“阅读，为了遇见更好的自己”。

我先说一个小故事。清代乾隆年间，内阁学士王杰担任上书房总师傅，他的职责是教皇子们读书，其教育过程非常严厉。有一次，因为太子不认真读书，王杰便罚他跪下，正好被前来巡视的乾隆皇帝碰见。

乾隆很生气，当即让太子起身，并怒气冲冲地对王杰说：“教者天子，不教者天子，君君臣臣乎？”乾隆的意思是说，你教不教他，他将来都是天子，你这样罚他，是臣对君应该有的正确态度吗？王杰立即回了一句：“教者尧舜，不教者桀纣，为师之道乎？”意思是说，虚心受教的话，他将来可能成为尧舜那样的明君；不虚心受教的话，他将来就可能会成为桀纣那样的昏君，师道不正应该如此吗？

听完王杰的一番话后，乾隆只好让太子重新跪下，这个太子就是后来的嘉庆皇帝。

其实，阅读的功效无所不在，治理国家需要阅读，个人的发展同样需要阅读。阅读，会让我们遇见未来更好的自己。

其一，阅读，会让我们遇见更聪明的自己。

有研究表明，爱阅读的人其判断能力和自控能力会超过常人，且语言丰富、思维缜密；而不阅读的人往往会想法简单、语言贫乏、自控力差。西汉时期著名的经学家刘向有句名言：“书犹药也，善读之可以医愚。”他认为，阅读能够医治人的愚钝，祛除心中的黑暗，人们就会变得更加聪明，以更积极的姿态去迎接人生的挑战。

可见，阅读就像是一台挖掘机，我们可以通过阅读发现自己的潜质；发现了潜质，才有了发展的方向；方向明确了，我们才会走得更远，飞得更高。

其二，阅读，会让我们遇见更丰富的自己。

苏轼在《和董传留别》诗作中说："粗缯大布裹生涯，腹有诗书气自华。"意思是说，即使你身上包裹着粗布衣服，胸中有学问，气质自然光彩照人。在苏轼看来，决定一个人的气质的，不是你身着什么名牌衣服，而是你通过阅读所获取的学问。

同样是宋代词人，黄庭坚曾说："三日不读书，则义理不交于胸中，对镜觉面目可憎，向人亦语言无味。"意思是说，三天不读书的话，经义之理就不会在心中交会，对着镜子会觉得面目丑陋，对人说话则庸俗乏味。可见，阅读不仅可以丰富我们的语言，也可以深化我们的认知，更能涵养我们的气质，让我们去遇见更丰富的自己。

其三，阅读，会让我们遇见更高远的自己。

今天同学们同处于一个教室，同处于泗洪中学的一方晴空下，但在十年以后、二十年以后，你们就会处于不同的发展空间。决定你们未来不同发展前景的，很大的因素在于你们今天阅读的多寡，在于你们今天阅读的深浅。

阅读无所不在，不仅语文、英语、历史、政治等学科需要阅读作为基础，其实高中各学科都需要阅读，我们已经进入了全科阅读、阅读为王的时代。现行的江苏高考模式，在三门以原始计分的学科中，有两门是语言学科，可见阅读在高考备考中的重要性。在我们的教育实践中，阅读功底深的同学，他的各科成绩一般都较好，他也会考入自己心仪的大学，他未来也会在理想的岗位上工作，遇见更高远的自己。

既然阅读如此重要，那么我们如何去提升阅读效果呢？在我看来，我们需要从以下几个方面着力：

阅读因广泛而博雅。准备高考的过程就像是厨师在做菜，他需要各种各样的食材，需要满足不同顾客的需求，因此，我们不能因为高考考什么就读什么，而要广泛阅读各种类型的书籍，通过广泛的阅读，去提升备考水平，丰厚学养。

阅读因思考而提升。阅读就像我们走进一个喀斯特溶洞，溶洞里景色迷人，道路崎岖，如果我们旅客没有自己的思考，看到的仅仅是不同的岩石，很难获得更深刻的认知，更难从这次旅行中获得更透彻的感悟。思考，是阅读的翅膀，有了翅膀，我们才能高高地飞翔。

阅读因写作而丰富。阅读和写作，就像一对孪生兄弟：有了丰富的阅读，才会有高层次的写作；有了写作的需求，才会有高品质的阅读。阅读因写作而丰富，写作因阅读而精彩。可见，我们在阅读过程中，要注重记录下自己的点滴感受，一些感受虽然看起来很稚嫩，却能激发起无穷的阅读动力！

同学们，假如北宋开国功臣赵普年少时不勤奋读书，怎么会有“半部《论语》治天下”的嘉誉？假如三国名相诸葛亮早年不勤勉苦读，怎么会有“功盖三分国，名成八阵图”的评价？是读书，改变了他们，让他们遇见了更好的自己！

同学们，阅读往往是智者的行囊，因为“问渠那得清如许？为有源头活水来”；阅读常常是实践的起点，因为“纸上得来终觉浅，绝知此事要躬行”；阅读也是写作的源泉，因为“读书破万卷，下笔如有神”；阅读更是少年的必修课，因为“黑发不知勤学早，白首方悔读书迟”……

同学们，阅读就是读自己，阅读就是读世界，因为——脚步不能丈量的地方，文字可以；眼睛到不了的地方，文字可以；思想无法触及的地方，文字可以。

阅读，就像星星点灯，照亮我们的前程，让我们去遇见更好的自己！

谢谢大家！

（本文为2019年4月1日作者在江苏省泗洪中学学生阅读与写作大赛的颁奖仪式上的讲话稿）

送你一朵小红花

尊敬的各位老师，亲爱的同学们：

早上好！“天街小雨润如酥，草色遥看近却无。”在这美好的早春时节，我们重新出发，去赴一场青春的盛会。此时此刻，我想和亲爱的同学们说几句话，我今天讲话的题目是“送你一朵小红花”。

2020年，是极不平凡的一年。就在这一年的最后一天，电影《送你一朵小红花》上映，这部电影围绕两个抗癌家庭的生活轨迹，讲述了一个充满温情的现实故事，直面了每一个普通人都会面临的人生命题。

人生处处都要直面崭新的课题，在生活的大考中，时代是命题人，我们每个同学都是答卷人。答卷人都很辛苦，有时还很迷惘。在人生的十字路口，作为老师，我想送给那些为理想奋不顾身的同学每人一朵小红花。

送你一朵小红花，送给那些懂得感恩的同学。就在牛年的春节，贺岁片《你好，李焕英》票房已经突破40亿元人民币，这部电影之所以能火遍大江南北，更多的原因是其突出了感恩母亲的主题，一名小品演员评价说：“它没有在挠你，没有在抓你，它就是慢慢地刺你的心。”

各位同学，《增广贤文》中有这么一句话：“羊有跪乳之恩，鸦有反哺之义。”小乌鸦尚且知道反哺老乌鸦，羊羔也知道跪着喝奶，更何况我们人类？希望你们都能感恩父母，体悟父母生活的不易，不要把父母的叮嘱与唠叨简单地画等号；希望你们都能感恩老师，老师的辛勤付出和无私奉献让学生不断成长进步；希望你们都能感恩生活，生活是最好的大学，它能教会我们面对一切考验。

送你一朵小红花，送给那些充满激情的同学。就在2021年中央电视台网络春晚上，清华大学上海校友会的老年合唱团，激情演绎了歌曲《少年》。这些清华校友平均年龄74.5岁，最大的年龄90岁。这首《少年》，展现了清华学子激荡人心的力量，展现了耄耋之年的老人的那一份精气神，我们有吗？

各位同学，德国哲学家黑格尔曾经说过：“假如没有激情，世界上一切伟大的事业都不会成功。”其实，任何一件事的成功都离不开激情，激情是成功之源，是进步之梯，是发展之魂。另外，激情和专注又是孪生姐妹，没有专注，哪来的激情？没有激情，也没有真正意义上的专注。期待同学们在激情文化、专注文化的建设过程中，都能像高三（7）班的孩子们那样，让每一次晨读都激情洋溢，让每一次晚读都气吞山河，让每一次自习都静若止水，让激情和专注成为校园文化建设的主旋律！

送你一朵小红花，送给那些善于创新的同学。我们都知道，阿基米德在洗澡时发现了浮力定律，“曹冲称象”解决了大象的称重问题。这两个案例，“曹冲称象”永远只是一个睡前故事，流传于孩子们的枕边，阿基米德却发现了物理学的基本原理。之前很多人一定玩过水，一定感受到过水的浮力，但为什么就没有发现浮力定律呢？生活中许多事情就是这样，即使你经历过，你已触摸到创新的边缘了，但由于缺乏应有的思考，最终还是没有打开创新的那扇门。

各位同学，你学习成绩的暂时落后，或多或少都与缺乏创新思维有关，面对学业的竞争，面对生活的考验，我们要时时学会创新。要学会创新，就需要我们学会观察，发现学习或生活中存在的问题；要学会创新，就需要我们学会变通，“山不过来我过去”，换个视角去思考问题；要学会创新，就需要我们学会抗挫，及时总结失败的教训，从千万次失败中找到成功的办法。

送你一朵小红花，送给那些奋勇向前的同学。和玩手机、打游戏、看小说、听音乐相比，读书求学的确是艰难的历程。电影《送你一朵小红花》片尾曲的作者在电影上映一个月后永远地离开了这个世界，在他留给世界的最后一条微博里，他依然对生活充满热爱和眷恋。一个癌症患者，面对生活的磨难，没有退缩，没有回避，依然奋勇向前，身心健康的我们，不更应该为了自己的理想而奋勇向前吗？

同学们，作为老师，我们也知道读书求学意味着挑战，意味着孤独，意味着艰难，但再大的困难，也不可能比写作《假如给我三天光明》的海伦·凯勒所遭遇的困难还难，也不可能比坐在轮椅上进行理论物理研究的霍金还难，也不可能比在烈日下面朝黄土背朝天的农民还难，让我们再次聆听《送你一朵小红花》的歌曲，从中找到前行的力量。

同学们，在这美好的春天里，让我们把小红花送给那些懂得感恩的同学，送给那些充满激情的同学，送给那些善于创新的同学，送给那些奋勇向前的同学，他们必定会成为我们精神的坐标，一定能书写不一般的传奇！

谢谢大家！

（本文为 2021 年 2 月 21 日作者在南京市溧水区第二高级中学新学期开学典礼上的讲话稿）

使我痛苦者，必使我强大

「 1 」

最近，我看到了电视剧《康熙大帝》的一个桥段：

康熙帝六十大寿之际，特举行“千叟宴”以示庆贺。宴会上，康熙敬了三杯酒：第一杯敬孝庄太皇太后，感谢孝庄帮助他登上皇位，一统江山；第二杯敬众位大臣及天下万民，感谢众臣齐心协力尽忠朝廷，感谢万民俯首农桑，天下昌盛。

当康熙端起第三杯酒时说：“这杯酒敬给我的敌人，吴三桂、郑经、噶尔丹，还有鳌拜。”

众大臣目瞪口呆，康熙接着说：“是他们逼着朕建立了丰功伟绩，没有他们，就没有今天的朕，我感谢他们。”

我没有读过《清史稿》，无法辨别这个桥段的真伪，所以权且当它是一个普通的故事。但这个桥段即使仅仅作为一个故事，也会给我们很多的启迪。

「 2 」

昨天晚上，我给高三的孩子们开会，在讲座的中间，我给孩子们播放了励志视频《鹰的重生》：

老鹰一生可以活到 70 岁，当它活到 40 岁时，喙、爪子、羽毛都已经老化。这时它必须飞到悬崖上，用喙敲啄岩石，让新的喙长出来；把指甲啄掉，让新的爪子长出来……五个月以后才可以重新飞翔，这样，它可以再活 30 年。

学文科的我，不知道视频所说的内容是否符合生物学规律，但这个视频的确让人热血沸腾。

「3」

《鹰的重生》的故事，看起来和康熙敬酒的桥段没有什么关联，但是如果深入思考，它们又有一定的共性：康熙和老鹰都在感恩曾让其痛苦的源泉。

康熙感谢敌人，因为敌人让他变得更加强大：吴三桂的反叛，让他不得不统筹全国的军队，耗时八年，最终解决西南的叛乱；任用施琅，最终解决台湾问题；噶尔丹的叛乱，逼着他三次亲征北方，彻底解决北患问题。

老鹰能够重生，也要感谢生活，当它活到40岁时，它非常痛苦，它需要让喙、爪子和羽毛实现彻底的更新。从老鹰的身上，我们可以看出，生活虽然是痛苦的，但又让老鹰得以强大。

生活就是一面镜子，它会让你从痛苦中看到希望，从黑暗中看到一抹亮光，可见，生活的磨砺就是一笔财富。

「4」

上面的两则故事，给我们教育者以启示：要让生活真正成为孩子的老师。

让孩子正确认识对手。一个人成就的高低，往往要看他的对手实力的高低。对手总会给你带来压力，逼迫你努力地投入斗争中，并想办法成为胜利者。在同对手的对抗中，你才能真正地磨炼自己。从这一意义上说，你的对手就是你前进的动力，是你成功的催化剂。

让孩子正确认识困难。一个孩子，遭遇的困难有多大，其处理困难的能力才可能有多强。所以孟子说："故天将降大任于是人也，必先苦其心志，劳其筋骨，饿其体肤，空乏其身，行拂乱其所为，所以动心忍性，曾益其所不能。"

让孩子正确认识苦痛。和悦人耳目的娱乐相比，整日端坐于教室，沉浸于题海，还要承受考试的压力，的确难免让人厌倦。但是，这些苦痛，都是在促进孩子们成长。老话说"未曾清贫难成人，不经打击老天真"，说的也是这个理。

「5」

前不久，我观看了电影《霸王别姬》。

这个电影讲述了京剧名角小豆子（程蝶衣）的成长历程。他自小被无力抚养自己的母亲送到了梨园谋生，可梨园师傅因为小豆子一只手上有六个手指头而拒收，小豆子的母亲为了让孩子能到梨园学戏而活下去，举刀切掉了小豆子的第六根手指……

历经岁月的种种磨难，小豆子（程蝶衣）终成一代名角，惊动京华。

从程蝶衣的发展看，如果不到戏班，他可能就会饿死；如果不好好练戏，就可能被师傅开除。是痛苦，成就了一代京剧名角。晚清时期，中国最顶尖的京剧名角被称为“同光十三绝”，每个“角”的背后，都有一段凄楚的故事。

前不久，一位演员在电视节目中说，过去的名角“本事都是饿出来的”。这句话让我回味了很久。所以有人说，每个光鲜亮丽的人背后，都有你难以忍受的苦。

「6」

康熙、鹰、程蝶衣的故事，都印证了那句话：使我痛苦者，必使我强大。

如果每个孩子都能明了这句话蕴藏的道理，他们就不会因为天天上课而感到百无聊赖，也不会因为一次考试的失利而一蹶不振，更不会因为学业的压力而觉得天昏地暗……

一切的一切，让我们痛苦的，都会让我们变得更强大，更加自信地去面对生活。

生活就是一本经典的教科书，它不断地告诉世人：苦难的尽头，往往就是辉煌。

可惜，在物质繁荣的今天，世间再无“同光十三绝”。

成绩的影响，不过是一阵子

「 1 」

我从教近 28 年了，有一个记忆始终在心头萦绕：那是 2008 年的一个冬天下午，雪下得特别大，高三（26）班的一名刘姓同学站在班级门口，引导着路过这里的其他班的同学绕道走，嘴里还不断地说：“地上太滑，已经有好几个同学摔倒了。”

寒风凛冽，这个孩子一直站在大雪中瑟瑟发抖，虽然没有人让他这么干，似乎也没有人感激他，但他依然站在雪中，一会儿就变成了一个雪人……

「 2 」

事后，我和其班主任黄老师交流此事，黄老师说这孩子成绩一般，但他对集体的事务非常热心，对班集体有高度的责任感。

“像他这样的学生，莫看成绩一般，一定有更好的未来，因为他总是把班级的事看成是自己的事。”黄老师感慨地说。

当时我也非常认同黄老师的观点，觉得很有道理。但基于刘同学的成绩一般，估计他未来的道路上想“脱颖而出”也很难。

「 3 」

2009 年高考，这个孩子成绩刚刚达到本科线，被淮阴师范学院录取了。四年后，他考上了复旦大学硕士研究生，再后来，他考上了上海市的公务员，在纪检监察系统工作，一切似乎都应验了班主任黄老师的预言。

刘同学的发展，几乎是一帆风顺的，在其发展过程中，没有将成绩作为“唯一的追求”，而是始终把责任扛在肩上。但不是所有的孩子都是这样的。

「4」

就业的压力，传递到了学校，演变成了升学的压力。升学的压力，最终让分数成为很多家长或教师评价孩子的唯一“标尺”。

社会真正需要的是各种各样的人才，各行各业对人才要求的“标尺”也不尽相同，当我们用整齐划一的“分数标尺”去衡量不同孩子的时候，一方面这是对孩子的不公平，因为不同的孩子有不同的特长；另一方面，未来社会发展所需的也并不是统一的“分数标尺”。

「5」

如果再换个视角，即使分数对于孩子的发展至关重要，也不至于让我们仅仅把分数作为唯一的衡量标准。

把分数作为衡量孩子发展的唯一标准，会徒增孩子的心理压力，会扼杀孩子的个性特长，更会引发学业的恶性竞争，会让孩子缺乏应有的同理心、责任心……

如果再退一步看这个问题，我们就会发现：当你把分数作为衡量孩子发展的唯一标准的时候，并不意味着一定能提升孩子的成绩。君不见，那些满眼只有分数的家长，他的孩子成绩往往平平常常；那些眼里只有分数的班主任，班级学业成绩也很难有起色。

为什么？

「6」

如果一个孩子，把自己的学业成绩提高和班级的荣誉结合在一起的时候，把团队的利益作为最高利益的时候，使自己的努力和时代价值取向高度一致的时候，他学习会没有方向吗？他学习会不专注吗？他学习会没有激情吗？各位同仁，亲爱的家长朋友，当你因为孩子成绩的起伏而心理剧烈起伏的时候，应该认识到：成绩的影响，只是一阵子；做人，则是一辈子的事。

一个有责任、有担当的人——而不仅仅是一个追求高分的人——才会走得更远，飞得更高。

「 7 」

写到此处，我想到了阿根廷著名作家博尔赫斯说过的一句话："我写作不是为了名声，也不是为了特定的读者，我写作是为了光阴流逝使我心安。"

我在想，如果每个孩子都把学习当作一种自觉，把成长当作一种责任，做到"为了光阴流逝使我心安"，他的学业一定不会差到哪里去，换言之，有责任感，同样可以提升成绩。

因为在他的心中，没有什么比责任更重。

军训，一朵怎样的花

尊敬的各位教官、各位老师，亲爱的同学们：

下午好！今天，我们在这里举行军训总结会议，检阅我们这支年轻而富有朝气的团队。在此，我代表学校向在此次军训中付出辛勤汗水的全体教官表示衷心的感谢，向圆满完成军训任务的全体师生表示热烈的祝贺！此时此刻，我想借此机会和同学们谈谈军训的感悟，我讲话的题目是“军训，一朵怎样的花”。

世间的花儿有千万种，假如军训是一朵花，它应该是一朵怎样的花？

军训，应该是一朵激情之花。在你们平时的训练中，我们看到有的班级激情似火，有的班级气壮山河，有的班级却悄无声息。一个人的精神面貌，决定着其前进的步伐；一个团队的精神面貌，决定着其发展的走向。人无精神不立，一个团队，没有精神也无法取得胜利。《曹刿论战》中说：“夫战，勇气也。”这告诉我们，作战最需要的是勇气，最需要的是激情。希望同学们把军训时的激情保持到高中的学习中去，成为创建“激情班级”的永恒动力！

军训，应该是一朵合作之花。从军训过程看，合作力强的班级口号最响，步伐最齐，状态最佳，这就是军训的成果。在寓言《天鹅、大虾和梭鱼》中，梭鱼、天鹅、大虾各自将车拉向自己认为最恰当的方向，虽然它们尽了全力，但车轮纹丝不动。这个寓言告诉我们，团队精神的培养，需要团队成员齐心协力，拧成一股绳，朝着一个目标努力。对于个体来说，团队所努力的方向即是要追求的目标，团队整体的目标实现了，个体目标也就能实现。希望同学们把军训期间练就的合作精神带到未来的学习中去，让团队文化成为引领我们每个班级奋勇向前的旗帜！

军训，应该是一朵磨砺之花。同学们，五天的军训，劳累的是身体，磨炼的是意志；五天的汗水，沾湿的是衣衫，滋润的是心灵；五天的烈焰，晒黑的是皮肤，考验的是耐力。电影《长津湖》中有一句经典台词：“一只蛋如果从外面敲开，注定只能被吃掉；如果从里面啄开，说不定是只鹰。”“从里面啄开”其实就是自我磨砺！有句话说得好：“自古英雄出炼狱，从来富贵入凡尘。”没有风雨，怎么见彩虹？极少数同学连几天的军训都坚持不下来，又如何去面对未来人生旅途的挑战？

军训，应该是一朵永不凋谢之花。军训是奠基石，为把同学们培养成合格的高中生奠定了坚实的基础；军训是导航旗，引导着同学们一步步走向成功。但是，军训的成果不能局限在今天，不应该成为一阵子的荣光，而应该成为我们一辈子的财富。军训这朵永不凋谢之花应该盛开在课堂上，成为你们刻苦学习的动力；应该盛开在生活中，成为你们历经考验的基石；应该盛开在团队里，成为滋养团队精神的源泉；应该盛开在心田里，培养自己的家国情怀。我们要充分认识到：世界并不太平，国不可一日无防。国防的利器不仅仅是尖端武器，也不仅仅是军人的数量，国防意识同样是保家卫国的钢铁长城！

同学们，“世上有朵美丽的花，那是青春吐芳华，铮铮硬骨绽花开，滴滴鲜血染红它……”让我们牢记军训岁月，让军训这朵花永远盛开，从这里出发，去创造不一样的精彩，让这所高中成为我们理想盛开的地方！

谢谢大家！

（本文为作者在南京市溧水区第二高级中学2021级高一军训总结会上的讲话稿）

当你不再是个孩子

同学们：

在今天之前，你偶尔可以痛哭流涕，对理想望而却步，因为你还是个孩子；你有时可以恣意青春，蹉跎校园时光，因为你还是个孩子；你可以偶尔不懂感恩，对父母缺失敬畏，因为你还是个孩子；你可以感到肩无责任，欠缺应有的担当，因为你还是个孩子！

但是，从今天起，从你十八岁起，你就不再是个孩子。当你不再是个孩子的时候，就意味着要承担更多的责任，意味着要承担法律所规定的所有责任。

当你不再是个孩子，你更应该明了惜时的重要。成人，不仅仅意味着生命的旺盛，更意味着时间的宝贵，因为“盛年不重来，一日难再晨”。纳德·兰塞姆曾是一位久负盛名的牧师，他一生中有一万多次当面聆听临终者们的忏悔。后来，纳德·兰塞姆想把这些人的临终忏悔录编成一本书，在书稿因大地震而被毁以后，他将其中的内容总结成这么一句话：假如时光可以倒流，世界上将有一半的人可以成为伟人。

同学们，时光永远都是单行线，永远不可能倒流。时间的不可逆性告诉我们，分秒必争应该成为我们唯一的选项。尤其在这距离高考还剩下 40 天的关键时刻，谁是惜时的王者，谁才有可能在高考的竞赛中“笑傲江湖”。

当你不再是个孩子，你更应该明了感恩的内涵。孝顺就是感恩的表现。古人云：小孝孝其身，大孝孝其心，至孝孝其志。在古人看来，“小孝”就是让父母衣食无忧，“大孝”就是让父母心情舒畅，“至孝”就是我们要认同父母的志向，并尽可能帮助他们去实现愿望。

同学们，对于你们的父母而言，最大的愿景就是望子成龙、望女成凤。为了让父母、让自己实现这一理想，同学们在高考倒计时 40 天的日子里，要全力以赴备考，一心一意学习，拼个 40 天的青春无悔。我期待同学们用自己的行动，完成父母的愿望，实现自己的理想，这就是感恩的最真切的体现。

当你不再是个孩子，你更应该明了家国的重任。中国素有“家国同构”的传统，修身、齐家、治国、平天下，是古代先贤的理想。同学们，家是最小国，国是千万家，我们每个人都是家的一分子，也是国家的一分子，爱家乡、爱国家，是我们每一个公民应尽的责任！当我们告别少年时代，当我们不再是孩童时，就应该承担起振兴家庭、振兴母校、振兴祖国的责任，承担起一个公民应有的责任。

天下兴亡，匹夫有责。同学们，你们站得更高，才能看得更远；你们走得更远，才能飞得更高；爱家乡、爱国家，不是简单地喊喊口号，需要在行动中践行。爱国，就需要你们在这备考的关键时刻，耐得住寂寞，经受住考验，努力考取理想的大学。当你走上更高的舞台，就会有更多的机会，去服务家乡、服务国家、服务社会，胸怀祖国。当你心怀祖国，志存高远，你也就很难感受到备考的艰辛。

明代大儒顾炎武，用“生无一锥土，常有四海心”这句话来勉励自己；抗倭英雄戚继光，用“封侯非我意，但愿海波平”来表达自己的心志。老师就把这两句话送给你们，期待你们冠礼十八志，心系家国情，用行动践行理想，用勤奋追求梦想，让我们保持热爱，奔赴山海，六月圆梦，心想事成！

谢谢大家！

（本文为 2022 年 4 月 25 日作者在南京市溧水区第二高级中学高三学子十八岁成人礼上的讲话稿）

风送秋荷满鼻香

「 1 」

说起荷花，人们总是难掩欢喜之意。说起初荷，人们自然就会想到“小荷才露尖尖角”；谈起夏荷，那句“映日荷花别样红”就会在脑海中浮现；说到秋荷，“风送秋荷满鼻香”好像就在眼前。

初到南京溧水，我经常在团山公园的湖边散步。秋风习习，送来荷香，我第一次体会到“风送秋荷满鼻香”的韵味。那淡淡的香，悠远、清澈、朴素，和夏荷的浓烈形成了强烈的反差。

「 2 」

说起荷花，难免联想到荷花定律——

一个荷花池，第一天荷花开放的数量很少，第二天开放的数量是第一天的两倍，之后的每一天，荷花都会以前一天两倍的数量开放。如果到第 30 天，荷花就开满了整个池塘，那么请问：在第几天池塘中的荷花开了一半？第 15 天？错！是第 29 天。

这就是著名的荷花定律。

荷花定律揭示了这样的道理：成功需要厚积薄发，需要积累沉淀。越接近成功，越要认真对待，越要坚持到底。越是接近成功，你的每一分努力就越有价值。前功尽弃往往就发生在最后一刻。

「 3 」

荷花定律阐释了量变与质变的关系：量变是质变的前提，没有量变就没有质变。如果你认同这一观点，那你的每一次努力都有不同凡响的价值，生活都会以适当的方式回报你曾经的努力。当你感到学习痛苦的时候，当你感到一筹莫展的时候，请你想一想蝉的生命历程：为了不到 30 天的鸣唱，它在黑暗的地下苦苦坚持了 4 年的光阴，这期间，它还要想方设法躲过各种天敌的伤害。

中国科学技术大学潘建伟院士带领他的团队，用 15 年时间研发了世界上第一颗量子科学实验卫星“墨子号”，让中国在这一领域成为世界的领跑者。“感动中国”人物评委会在给潘院士的颁奖词中说：“嗅每一片落叶的味道，对世界保持着孩童般的好奇，只是和科学纠缠，保持与名利的距离。”颁奖词中的“纠缠”的过程，其实就是他努力奔跑的过程，是由量变通往质变的过程。

「 4 」

荷花定律也阐释了“一时”与“坚持”的关系：坚持是质变的保障，没有坚持就没有质变。1983 年的高考作文题提供了漫画《这下面没有水，再换个地方挖》，在这幅漫画中，那个挖井人数次挖井都非常接近水源，但都在最后一刻放弃了。那个挖井人败在了最后一刻，败在了没有坚持，败给了荷花定律。

这幅漫画也告诉我们，不是所有的量变都会引发质变，一旦没有了坚持，之前的量变都会顷刻间灰飞烟灭。这就像一个孩子读书的过程，从小学到高中，要经历至少 12 年的磨砺，即使你小学或初中阶段一直品学兼优，但如果在高中特别是高三的最后一刻放弃了努力，那你之前的所有努力也都会在顷刻间消失得无影无踪。

「 5 」

每逢 6 月放榜日，人们往往关注那些被名校录取的孩子光鲜的一面，岂不知，这些孩子的成功不仅仅在于长期积累，更在于咬牙坚持。

风送秋荷满鼻香，自然是美的享受，但荷的成长过程，一定是经历了曾经的苦痛，经历了曾经的牺牲——决定成功的因素很多，没有积累难以成功，只有积累而没有长期的坚守，也到达不了成功的彼岸。

好在“道不远人”，但愿家长和孩子都能明白这浅显的道理。

放下，才能致远

「 1 」

期中考试后，我陆续收到了几位同学的来信。

一个同学在信中说，他这次考试成绩很差，几乎跌到了谷底，彻底失去了希望，以至于期中考试过去了两周，自己还没有缓过来，不知道以后的路怎么走。

另一个同学在信中说，期中考试的打击，已经让自己有了心理阴影，怀疑自己的智商有问题，更怀疑自己曾经的愿景就是一场梦。

「 2 」

这些孩子的想法非常正常，但面对这种“正常”的心理，我们老师或家长不可以无动于衷，需要给孩子正确的思想引导。我在给其中一名孩子的回信中，举了一则小故事为例——

小和尚跟老和尚下山化缘，走到河边，见一个姑娘正发愁没法过河。老和尚对姑娘说，我把你背过去吧，于是就把姑娘背过了河。小和尚惊得瞠目结舌，又不敢问。这样又走了二十里路，小和尚实在忍不住了，就问老和尚说：“师父啊，我们是出家人，您怎么能背着那个姑娘过河呢？”老和尚只是淡淡地告诉他：“你看我把她背过河就放下了，你怎么背了二十里地还没放下？”

「 3 」

当你的胸怀无限大的时候，很多事情自然就小了；当你宽容了别人，其实是给自己留下了一片海阔天空。

作为班主任或者家长，面对孩子不理想的期中考试成绩，我们应该及时引导孩子学会宽容。

「 4 」

我们要引导孩子学会宽容昨天，昨天再多的不足，都已经成为历史，如果我们一再纠结，只能永远活在昨天的影子里；要引导孩子学会宽容成绩，告诉孩子，成绩的起伏是正常的波动，不必惊慌失措，更没有必要去妄自菲薄；要引导孩子学会宽容自己，就是不要过多地自责，过多地自责容易导致负面的情绪，甚至深陷其中不能自拔，怀疑智商，怀疑能力，甚至怀疑一切。

「 5 」

让孩子学会宽容的目的，不仅仅是为了宽慰孩子，更主要的目的是让孩子能冷静下来，静心剖析，找到症结所在。

老师或家长要能和孩子一起去找到病根。成绩下降的背后，有着诸多的影响因素：或是努力程度不够，或是学科能力不足，或是核心素养较低，或是复习方向偏颇，或是答题过程失范，或是考试心理欠缺……我们要引导孩子实事求是地对期中考试进行全方位的复盘，在复盘的过程中找到病根。

找到病根很重要，比找到病根更为重要的是找到药方。有时候，病根很容易找到，而找到药方却很难。因为药方具有个性化特质，再好的药方都不可能适合每一个人。另外，有的疑难杂症一时难以找到有效的药方，这说明，药方的隐蔽性、实践性很强。

「 6 」

即使你找到了病根，也找到了药方，也不意味着成功就在你的眼前，还需要久久为功地坚持“服药”。生活的实践告诉我们，药方再好，如果不坚持服药，不仅病根难除，而且会让你产生怀疑——药方是否真的有效果？

回到文章的题目“放下，才能致远”，其实，对于治学者而言，最终让我们能到达远方的，往往是坚持。

网上流传着这样一句话：“人与人之间最小的差距是智商，最大的差距是坚持。”

轻松破除人生的窄门

「 1 」

在教育过程中，少数同学身上存在这样的现象：语言偏激，对一切人和事不满意，以自己为愤青而自豪；行为偏激，与同学之间稍有一些小矛盾，就会心存怨恨，甚至拳脚相加。究其原因，是他们缺乏平和心。

所谓平和，即平正、和谐。平和还有“温和、不偏激”的意思，如《礼记·乐记》中说：“感条畅之气，而灭平和之德，是以君子贱之也。”

「 2 」

一个故事说，有三个人一起准备通过一座非常险要的桥，他们一个是盲人，一个是聋人，一个是耳聪目明的正常人，结果盲人、聋人都顺利过了桥，而那个耳聪目明的人却跌下了深渊。有人问及原因，盲人说：“我眼睛看不见，不知山高桥险，只知道心平气和地攀索。” 聋人说：“我耳朵听不清，不知道脚下江水咆哮，恐惧减少了许多。”

如果地形险恶的峡谷是现实的生活，那成功就是横亘在其间的险桥，有时候，我们失败的原因，往往不是智商低下，也不是努力不够，而是受制于生活的环境，缺少一颗平和的心，被生活固有的负累扰乱了心志。

「 3 」

缺少平和心，往往是给自己打造了一道人生的窄门。作为教育者，无论你是老师还是家长，都有义务去引导孩子学会平和，轻松破除人生的窄门——

抱怨，往往是抱怨者的绊脚石。在学校生活中，我们的身边常常充满了各种各样的抱怨：抱怨父母不体谅自己，抱怨老师不公平，抱怨班级制度不合理，抱怨成绩不如意……有的抱怨是我们说给别人听的，有的抱怨是别人说给我们听的。但是，几乎没有人抱怨过自己：我为什么会有这么多的抱怨呢？

如果你再深入观察，也许就会发现这样的现象：大凡抱怨的人，很少有取得大成就的，因为抱怨早已消磨了他的意志，成为他前行路上的绊脚石。有时候，绊脚石不是他人放置的，恰恰是我们自己设置的。其实，我们应远离抱怨的世界，正视自己，为自己准确地定位。你会发现，在生活中演绎好自己的角色才是最美好的事情。

「 4 」

责难，往往是责难者的天花板。雀巢咖啡的创始人亨利·内斯特刚开公司时经常批评自己的员工，结果公司经营惨淡。有一次，他路过一块农田，这里刚刚经过一次洪水的侵袭，长势良好的庄稼被无情地毁坏，而田野里的农民却毫无沮丧的神情，他就很不解地去询问农民，农民告诉他："责难毫无价值，那样只会使事情变得更糟糕，您看洪水虽毁坏了我的庄稼，却带来了丰富的养料，我敢保证今年一定是个丰收年。"

亨利·内斯特从这位农民的身上，学到了平和的心态、乐观的精神，以及不轻易责难他人的做法，这让他在此后创业的过程中，能够直面苦难的人生，能够闯过一次次失败，最终让雀巢公司举世闻名。而少数同学，当出现问题时，总会习惯性地指责别人，缺少平和的心态和担当的精神，久而久之，责难就成了限制其发展空间的天花板。

「 5 」

偏激，往往是偏激者的阻隔锁。关羽过五关斩六将，表现出何等英雄气概！可是他也有致命的弱点，那就是相对固执偏激。刘备、诸葛亮在西征前，再三叮嘱他要"北据曹操，东和孙权"，可是，当诸葛瑾（诸葛亮之兄）来为吴王孙权儿子求婚时，关羽勃然大怒曰："吾虎女安肯嫁犬子乎！不看汝弟之面，立斩汝首！"关羽偏激的行为很快导致了吴蜀联盟的破裂，自己最终也被俘身亡。

关羽的案例告诉我们，看问题不可以固执己见，不听他人的劝告，即使面对你不太愿意做的事情，也可以耐心地解释。在我们的生活中，少数偏激的孩子总是怨天尤人，牢骚太盛，只问别人给他提供了什么，不问他为别人贡献了什么，偏激，就像一把生锈的锁，锁住了他们前行的脚步，让他们步履维艰。

「6」

抱怨、责难、偏激，恰恰就是人生的窄门。那平和是什么？是狂风暴雨前的淡定自然，是面对问题时的勇于担当，是他人劝诫时的欣然接受，是直面矛盾时的理性坦然，是破除窄门的不二法宝，更是走向成功的康庄大道。

关住了自己的那扇门

「 1 」

先看一个案例：

一个木匠做得一手好门。他给自己做了一扇门，认为这门用料实在、做工精良，一定会经久耐用。后来，门上的钉子锈了，掉下一块板，木匠找出一颗钉子补上，门又完好如初。后来又有一块板坏了，木匠就又找出一块板换上。后来门闩破损了，木匠就又换了一个门闩……

若干年后，这扇门虽破损过无数次，但经过木匠的精心修理，仍坚固耐用。木匠对此甚是自豪。忽然有一天，邻居对他说："你是木匠，你看看你家这门。"木匠仔细一看，才发觉邻居家的门一扇扇全都样式新颖、质地优良，而自己家的门却又老又破，满是补丁。于是木匠明白了：是自己的这门手艺阻碍了自家门的更新。

「 2 」

这个案例告诉我们，特长虽然是一笔财富，但也可能是一扇门，会在无形中关住自己。故步自封、墨守成规，可能会让你的长处变为短板。思维和行动都要与时俱进，这样你才能适应这个世界的发展，才不会让自己的长处绊住自己。

「 3 」

在我们的教育过程中，常常会出现这样的学生：他在高一、高二时，学业一骑绝尘，成绩遥遥领先，可是到了高三，却突然再难领跑……他却不知何故：自己一如既往地努力，为什么成绩会断崖式下降？

据说，最先成功研制出数码相机的是美国的柯达公司，第一台数码相机只能拍摄像素很低的照片，且需要转换成视频信号通过电视来看，而当时的柯达公司正如日中天，在世界胶片市场上拥有统治地位，认为没有必要更新技术，更何况，冲洗照片已经有了一百多年的历史，谁又愿意通过电视看照片呢？结果，柯达公司死在了向数码相机转型的过程中，于2012年申请了破产保护。

无论是故事中手艺高超的木匠，还是上文中的学生和柯达公司，他们都曾经有一技之长，但是，恰恰是这一技之长，成为阻碍自己前行的门——自己被那扇门锁住了前行的路。为什么会这样呢？

「4」

有特长的人为什么会落伍？因为他过分地依靠特长。

柯达公司之所以不愿意更新技术，那是因为在现有的技术下，它依然能“独步武林”，更何况，革新技术需要资金、技术，还要面临未来市场的考验。第一次工业革命最早发生在英国的棉纺织业，在18世纪中期的英国，最赚钱的是传统的毛纺织业，但就是因为利润大，不需要革新也可以赚钱，所以老板们不愿意革新技术。历史已经证明并且还将证明：过分地依靠自己的特长，最终也会被特长所累，特长最终变成了一扇锁住的门，阻碍了我们前行的双脚。

「5」

有特长的人为什么会落伍？因为特长本身也需要与时俱进。

李白在《日出行》中写道：“谁挥鞭策驱四运？万物兴歇皆自然。”自然界都有万物轮回，知识、技术、能力同样也存在与时俱进的问题。在高一、高二一直领先的孩子，长期的领跑让他对其特长深信不疑，以为他的学习方法一定是对路的、无与伦比的。其实，没有与时俱进的特长，久而久之就会落伍，只是你还没有意识到而已。特长如果没有革新的内驱力促使其裂变，那所谓的特长很快就不能称为特长。

「 6 」

有特长的人为什么会落伍？因为他会依赖特长从而形成持久的自信。

有一技之长是件好事，拥有自信同样是件好事，但是，如果因为自己的特长，而形成了持久的自信，就不一定是件好事。上文中的木匠，和同期的木匠相比，技术无疑是高超的，可以将损坏的门修复如初。但是，持久的自信让他缺乏了革新的力量，养成了固守的习惯，最终特长变成了一扇无形的门，阻碍了他的提升与前行。

「 7 」

世间门有千万种：有安全之门，能呵护家人；有创新之门，是革新之源；更有封闭之门，会闭关锁国……其实，不能革新的特长，很快就会变成短板，久而久之就变成了封闭之门，关住了自己。

第六辑

教育·成全——你我皆是摆渡人

教育就像摆渡。摆渡人就像孩子们成长过程中的领航员，就是要引领孩子们在成长的远征中不忘却初心，不迷失方向，能够遇见更好的自己，能够顺利到达心仪的彼岸，能够在将来可见的竞争中不至于陷入两难的境地。

你我皆是摆渡人

「 1 」

故乡不远处有一条怀洪新河，在我童年的记忆中，有一渡口，两位年长的摆渡人，往来于波澜不惊的水面上，风雨无阻，定格成河边一道美丽的风景。

我现在每每回想起那渡口的情景，似乎离故乡、离童年更近了。

细想想，在人生的渡口，到处都有摆渡人：那奔走在路上的司机，那披星戴月的农民，那救死扶伤的医者，那栉风沐雨的交警……他们其实都是摆渡人，都是在把人送往更远的地方。

至于教师，也在渡他人。近日一名学生的来信，让我对教师摆渡人的角色认识更加深刻。

「 2 」

周六的早上，一个高个子男孩来到我的办公室，恭恭敬敬地递给了我一个用试卷改造的信封，上面写着“校长亲收”。

男孩在信中说：

您好！我是高二的一名学生，在初中没有努力学习的我，考入了这所高中，浑浑噩噩地度过了一个学期后，因为家中的哥哥在另一所学校里考上了清华大学，我心中生出一种自卑的感觉。

但是以我们学校的环境，老师根本没有指望学生能够考多好，学校这两年所展现的成绩，让我们的心逐渐冷了下来，直到您的出现……

男孩在信的结尾署名“一名正在努力的学生”，我不知道这个男孩到底是哪个班的学生。

这个男孩的故事，让我想起了昨天晚上所看的熊培云的文章《杀死一个求救者》，他在文章的结尾说：“我忽然觉得这个笑靥如花的孩子，大概是这个世间的灵魂的摆渡人。”

「 3 」

老实说，我没有读过《摆渡人》这本书，也没有看过《摆渡人》这部电影，但是经常会从网上看到对《摆渡人》的评价。

《摆渡人》是英国作家克莱儿·麦克福尔创作的小说，作者从少年人的角度表现人性的温情，通过男女主人公的所见所感，道出所有人对亲情、友情和爱情的向往。

据说，《摆渡人》一举摘得了 5 项世界文学奖，版权销售到 33 个国家，是令千万读者灵魂震颤的心灵治愈小说。

我一直想买一本《摆渡人》读一读，但基于我对国外小说的陌生感，所以一直没有下决心购来一读。

然而男孩的这封信，让我陷入了沉思，因为，就在我刚到这所学校不久，一位教师跟我介绍了学校的情况。

「 4 」

他告诉我，这所学校的生源很差，学生也不怎么肯努力，所以高考能考上品质高的大学的学生不多；但是相对于生源的基础，学校的高考成绩算是好的，因为老师们都非常敬业，去年的高考达二本分数线的人数是市局下达任务的三倍。

他还跟我说，您才到一所学校，抓教学质量是对的，但在我看来，更要注重学生综合素质的提升，因为这所学校学生的生源差，您再怎么抓也不会有多大起色。

这位同仁的话，给我的印象就是，学生的生源很差，且学习态度也不好，抓教学质量不会有立竿见影的效果……

而男孩的信却让我看到了学生们的另一种诉求：我们想上进，我们想考好大学，但“老师根本没有指望学生能够考多好”，学校也根本没有这样的环境。

「5」

我无法去探究教师与学生在认识上存在巨大差异的原因，也无法判定哪一种说法更与事实贴近：也许是视角不同，所看到的风景各异；也许是高度有别，所思考的深度不一。

但面对师生反馈的巨大差异，我联想到我在 2017 年春节期间所看过的一部电影——《西游记之孙悟空三打白骨精》，我是被亲戚拉去看的，喜欢安静的我对一些所谓的大片没有多少兴趣，更何况“孙悟空三打白骨精”是熟知的故事。

可看着看着，我的眼角不禁湿润了。令我感动的不是那宏大的场景，也不是那可以预见的剧情，而是电影的立意。

整部电影的立意就是两个字——渡人。在影片中，孙悟空与唐僧数度冲突，皆因白骨精而起：孙悟空一心想打死白骨精，让取经之路更加通畅；唐僧一心想渡人，想把白骨精变成好人，让她不再去害人。最终，为了改变白骨精，唐僧宁愿去付出自己的生命……看到这一刻，怎能不令人落泪？

「6」

我们做教师的，平生无特殊的技艺，无非是教书与育人，其实也是在做渡人的事。在我看来——

渡人就是改变人，就是改变他们的坏习惯，改变他们的差处境，让他们未来能在更好的平台上发展。

渡人就是成就人，就是让他们能够遇见更好的自己，让他们在将来可见的竞争中不至于陷入艰难的境地。

渡人就是引导人，“己所不欲，勿施于人”，不让孩子去做的，自己首先不能去做，要成为孩子发展的领航员。

教师不是官员，他无法去“造福一方苍生”；教师不是巨贾，他也无法“达则兼济天下”。教师倒是可以通过自己的教育行为去改变学生，成就他们，让他们去实现“兼济天下”的愿望。

「 7 」

在即将结束本文时，我接到了一位家长的电话，他诉说了几年来育儿的辛苦，更困惑于孩子对他的不理解，甚至他们之间还发生了一些冲突。

我只是在电话中跟他淡淡地说了一句：你我皆是摆渡人。

回到文章的开头，虽然学校的生源很差，但作为摆渡人，我们没有选择乘客的权利，我们所能选择的，就是让更多的孩子都能渡过那条人生的河，走得更远，飞得更高。

因为，你我皆是摆渡人。

我要带你到处去飞翔

「 1 」

坐在前往江南小城的高铁上，我一边翻看手机上学生们发来的教师节祝福，一边百无聊赖地听着歌曲，一首《张三的歌》蓦然打动了我。

我在突然之间就喜欢上了这首歌，不仅仅因为歌词的简单与安静，不仅仅因为曲子的悠扬，还因为歌曲就像透过树叶的午后阳光，自带一种洗尽铅华的质朴感和沧桑感。

这首歌，蓦然间把我拽回了少年时代，让我回想起在安徽五河县天井中学（今弥陀寺初级中学）读书时的班主任吴明堂老师。

「 2 」

我永远忘不了那一年的冬天，漫天大雪，白皑皑的一片，不知路在何方。

期末考试结束的那一天下午，吴老师对全班同学说，学校没有给我们几个江苏籍借读的同学征订课本，课本在满足本地同学的前提下只剩下一套了，下周一我们几个江苏籍同学谁先到学校，这一套课本就给谁。

谁知，我们回家的当天晚上就天降大雪，虽然我和父亲在周一凌晨三点就早早地起床，但由于暴雪盖路，我们只好艰难地步行前往 20 千米之外的学校。

5 个多小时后，当我们气喘吁吁地来到学校，我们班的同学早就领着成绩单和课本回家了，吴老师正准备锁门下班。自责、失望的情感涌上心头，泪水不听话地在我的脸上流淌……

可吴老师并没有责怪我的意思，把成绩单递给我，说考得还不错，利用寒假好好预习新课。听了吴老师的话，我更加难受，因为我根本没有课本可预习。

当我向吴老师辞行的时候，他从上了锁的办公桌里面取出了一套课本给我，说：“虽然其他几位江苏籍同学来得都比你早，但我还是找教务主任又调剂了一套课本，我对你有更多的期待。”

「3」

我永远忘不了那一次劳动课，三十多年来，吴老师的那几句话一直萦绕在心头。

那时候，我们每周都有两节劳动课，几乎什么活儿都干，或翻地，或除草，或运送垃圾，或整理校园，而那一次学校让我们初二的同学去挑粪。

虽然班里的同学无一不是来自农村，但对于挑粪这样的活，我们多少有点不情愿，因为会弄得满身都是臭味。

吴老师看出了大家的心思，说了一句：“大家都不要有情绪，不要认为挑粪又累又脏，老人家都说，粪中自有白馒头。”

恰同学少年的我们，哪晓得“粪中自有白馒头”的道理，只是捂着嘴偷偷地笑，心想，吴老师今天怎么说出这样莫名其妙的话。

「4」

我永远忘不了那一次在溪边淘米的经历。

那时候，学校还没有自来水，我们淘米蒸饭、饮用、洗衣服都用学校旁边小溪里的水。

小溪从很远的地方流来，水很纯净，鱼翔浅底，草色青青……小溪不仅是我们淘米、洗漱的地方，也是我们玩耍的乐园。

由于小溪岸边没有护坡，一不小心就会掉进小溪，所以就有同学从学校偷偷地搬几块红砖头垫在岸边。

有一天我们几个同学正在小溪边淘米，不知什么时候吴老师站在我们身后，严肃地责问我们：“这是哪个同学搬来的砖头？学校的砖头难道不是用钱买来的？”

挨了老师的批评，我们只好默默地放下了手中的饭盒，把那几块砖头从泥里抠出来，搬回了校园。

「5」

去年，我和两位老同学相约回母校去看看，在门卫处询问吴老师的近况，门卫说，他已经走了好几年了。

我们仨你看看我，我看看你，怅然若失，不知说什么好。

实话实说，我们之所以想回母校看看，就是想回去看看当年的恩师，尤其是吴老师。可是他已经不在了，我们来晚了。

联想起读书时的一幕幕，贫困与迷茫一直困扰着少年的心：那时候没有充裕的饭菜，常常饥肠辘辘；没有电话，通信主要靠写信；没有交通工具，几十里来回上学主要靠步行；更没有电化教学设备，上课只有一本书、一块黑板、一支粉笔……

「6」

少年也不完全是贫瘠的，因为有吴老师在——

他教导我们要有美好的愿景。他给我预留的不仅仅是一套课本，更是满满的期待，即使是在困顿的日子里，也会让我对未来充满美好的向往。

他引导我们要澄心潜读。一句“你要想读书，就不要想花花世界；你想花花世界，就不要想读书”，让我明了“两耳不闻窗外事”是读书人的基本素养，只有沉下心来，才能走进更加精彩的世界。

他教育我们热爱劳动，吴老师常常挂在嘴边的，是这样一句话：“一切坏事都是从不劳动开始的。”“粪中自有白馒头”的道理，也始终告诫我们：唯有辛勤劳动，才是通往幸福之路的捷径。

「7」

斯人已去，风范长存。

那个时代，我们在物质上是贫瘠的，但因为有了吴老师，我们在精神上又是富有的，他就像一盏灯，给人以光亮，给人以温暖，给人以希望，昨天、今天、明天，都带着我们“到处去飞翔”。

多少年后，我也成为人师，也做了班主任。

面对青春少年，面对那一条条“没有航标的季节河”，我也期待自己能像吴老师一样，引领孩子走过青春的迷惘，走过心理的贫瘠期，走出“少年维特的烦恼”。

而今，客居江南，面对新的孩子，面对新的眼神，我期待能继承先生的衣钵，带着他的精神“到处去飞翔”；期待我也能带着孩子们“飞到那遥远地方”，因为——“看一看，这世界并非那么凄凉；望一望，这世界还是一片的光亮。”

用胳膊肘轻推一下

「 1 」

2017 年，芝加哥大学教授理查德·塞勒获得了诺贝尔经济学奖，可谓实至名归。

塞勒被誉为“行为经济学之父”，而让他一举成名的著作是他和哈佛法学院教授卡斯·桑斯坦合著的《助推》。他们在这本著作中提出了“助推理论”。

要了解“助推理论”，让我们先来看一个实验——

实验者在哥本哈根向路人派发带有包装纸的糖果。第一次实验中，实验者在糖果派发点附近发现了不少散落的糖纸。第二次实验中，实验者在派发点的地上标示了一串绿色脚印，脚印末端是一个垃圾桶。实验者发现，这一微小的改变减少了派发点附近公共设施中 46% 的“垃圾”糖纸。

专家对实验结果解释道：“这些脚印令人们更为‘在意’手中的垃圾。人们在潜意识中会被这些脚印‘牵引’。”

那么，到底什么是“助推理论”呢？一句话的解释就是，让期望发生的选择变得更有吸引力的行为理论。

「 2 」

我第一次接触到“助推理论”，是在南京大学培训时杨波教授题为“风险意识与决策思维”的讲座上，这个理论属于行为经济理论，这让我联想到身边的种种经济“助推”行为：商场里商品标价中的 4.99 元、5.99 元，让顾客的期望选择变得更有吸引力，是不是也在无形中验证经济学中的“助推理论”呢？

网购平台的“七天无理由退货”以及各种各样的促销行为，其本质上是不是也在践行经济学中的“助推理论”呢？

「 3 」

教育也需要“助推”，“助推”需要我们深入思考、谨慎决策，更需要我们去大胆创新，借鉴行为经济学的理论，改变我们的教育行为，从而引导学生的行为。

如果你是一位老师或家长，践行教育的“助推理论”，需要你尝试做好以下几点——

其一，“推其所弱”。我们在“助推”孩子时，需要明了孩子的“问题”所在。你的教育对象到底存在什么问题，这就是你“助推”的出发点。例如，一位家长发现孩子有贪吃的毛病，就在饭桌上放置了一个“世界上最肥胖的人”的照片，从此以后，孩子的贪吃行为有所收敛。

其二，“推其所好”。一位家长发现刚上高一的孩子对金融感兴趣，就对孩子的学业进行“金融式”考核：成绩进步了，就往“学业银行”里存一定的金额；成绩退步了，就从“学业银行”里扣除一定的金额。其实，这些所谓的金额，只是模拟货币，结果家长却发现孩子成绩进步很快。

其三，“推其所志”。每个孩子心里都住着一个哪吒，都有美好的志向。作为教育者，我们应该在践行教育的“助推理论”时，将其理想“可预见化”或阶段化。连云港海头高级中学让高一学生把自己的“理想瓶”埋入地下，并在每次期末考试后取出对照，也不失为一种值得借鉴的尝试。

「 4 」

教育是引领孩子前行的灯塔，而“助推理论”就是这一盏盏的灯，让孩子沿着正确的方向前行。

塞勒在解释“助推理论”时说，“经济助推”整个过程就像是“用胳膊肘轻推一下”。

作为教育的摆渡人，在教育过程中我们也需要“用胳膊肘轻推一下”，让孩子“坚信光明就在远方”。

做教师的，当如王瑶卿

「 1 」

王瑶卿是谁？他祖籍江苏淮安，生于北京，是一代京剧表演艺术家、戏曲教育家。他青衣、刀马旦兼演，艺术上博大精深；他所创造的“王派”，成为中国京剧旦角艺术的基本流派。

王瑶卿是谁？他突破了京剧界多年陈规，把青衣、花旦、刀马旦的特点融会起来，创出“花衫”这一行当，给京剧中的旦角开辟了更广阔的新路。

王瑶卿是谁？他的外公是“同光十三绝”老旦郝兰田。晚清，京剧走向成熟，全国涌现了十三个最著名的京剧大师，号称“同光十三绝”。其中，王瑶卿的外公郝兰田，就是那个时代旦角中的翘楚。

「 2 」

王瑶卿的贡献，不仅仅在于他创造了“王派”这一戏曲艺术流派，还在于他成就了“四大名旦”，为此，京剧界称他为“通天教主”。

梅兰芳、尚小云、程砚秋、荀慧生这四大名旦，在现代中国的京剧界，是四朵最艳丽的鲜葩，他们开创的四大流派风格迥异，但他们都曾受教于王瑶卿的门下。

梅兰芳排的新戏，大部分是经过王瑶卿参与创作、设计、排演或创腔的。王瑶卿帮助程派的程砚秋形成了后来戏迷们最喜爱的委婉缠绵、凄怆动听的“程腔”。王瑶卿帮荀慧生设计了适合他的唱腔，所以人们说荀慧生的花旦戏“得瑶卿之神髓”。对尚小云，王瑶卿则帮他形成了尚派独特的表演风格。

王瑶卿曾分别对四大名旦做过“一字评”——梅兰芳的“相”（一说为“样”）、

程砚秋的“唱”、尚小云的“棒”、荀慧生的“浪”。这是王瑶卿通过长期观察、品味，最后对四位高足艺术特征所进行的一次集中、典型的概括。

「3」

我不仅钦佩王瑶卿高超的艺术造诣，钦佩其与时俱进的艺术人生，更景仰其默默铺路的人梯精神。

王瑶卿的事迹，不禁让人想起辛弃疾的那首词《南乡子·登京口北固亭有怀》：“天下英雄谁敌手？曹刘。生子当如孙仲谋。”

在这首词里，爱国词人辛弃疾对孙权赞誉有加，认为能成为孙权对手的，天下只有曹操和刘备这两个英雄，并发出感慨——难怪曹操说：“生下的儿子就应当如孙权一般啊！”

王瑶卿的事迹、辛弃疾的词，都带给我关于教育的思考——做教师的，当如王瑶卿！

「4」

做教师的，如能像王瑶卿那样不囿成规，就会成为不一样的自我。

王瑶卿从生命的第一页，到最后一页，都在创新中不断前行，无论是打通旦角的界限，还是创立独树一帜的“王派”，其实都是在“换个姿势领跑”。

可现实中的少数教师，刚刚评上高级职称，就觉得“船到码头车到站”，就想从教学一线调整到教辅岗位。面对疫情，一些年龄稍大的教师不愿通过直播分班上课，理由是年龄大了，不会玩直播，不会制作幻灯片，不会通过网络布置和批改作业……和王瑶卿比起来，我们真的自惭形秽。

教师要成为不一样的自我，需要多读书、读好书，需要拥有“一江水”，才能面对那莘莘学子的“一碗水”。教师职业的特殊性，决定了其学习一定是终身学习。

教师职业的最大危险，源自知识的匮乏，源自视野的狭窄，源自读书的偏少。这里所说的“读书”，从广义上看，还包括无形的书，以及那日新月异的教育技术。

「 5 」

做教师的，如能像王瑶卿那样独具风格，就会成为不一样的烟火。

王瑶卿创出“花衫”这一行当，让京剧中的星空增添了一抹亮色。可以说，他的京剧是“不一样的京剧”，因为他有别人没有的风格。

上课也是这样，好课的最高境界是风格，是其他人学不去的特色。打着课改旗号的示范课每天都在上演，但让你过目不忘的课却很少很少，究其原因，就是上课的教师缺少自己的风格，缺少那不一样的烟火。

要想成为不一样的烟火，你需要去锤炼。要锤炼自我，孙悟空的火眼金睛不是一夜练就的，同样，教学功夫需要长期的积累。要锤炼学生，对学情进行深度地了解，你了解学情有多透，你的教学就能走多远。要锤炼科研，没有科研做支撑，教育教学极容易成为迷途的羔羊。

「 6 」

做教师的，如能像王瑶卿那样爱生如子，就会成为不一样的导师。

王瑶卿对梅兰芳、尚小云、程砚秋、荀慧生四名学生的教学，能根据四人发音、表演、特长的不同而分别将其培养成为各自流派的创始者，还据其特点打造剧目，使之成为他们的代表剧目。

因材施教，一直是中国的教育传统。可在应试教育背景下，教育更像是在制造统一的产品。真正的教育，是把每名学生培养成“不同的小船”，让他们去大海经风雨、见世面，去遇见更加美好的自我。

教师，往往因为学生的发展而成就自我，他们的成就更多地通过所培养的学生来彰显：就像水镜先生之于诸葛亮，鬼谷子之于孙膑，王瑶卿之于四大名旦。而这些老师之所以能培养出高徒，在于他们能根据学生的特点去教育。

但在当下，不顾学情的教育教学比比皆是，或拔高，或降低，或超前，或滞后，其实都是对教育的误读与曲解，都是在一定程度上“鸡同鸭讲”，教与学不在一个曲调上，很难奏出和谐的乐曲。

「 7 」

大师已去，风范留世。如果我们能从王瑶卿的案例中得到一些教育的启发，就是对大师最好的纪念。

做一名教师，当如王瑶卿！

至今思张謇，不与草木同

「 1 」

前不久，我到南通海门出差，听说海门有张謇的纪念馆，我们一行人就驱车十几千米，来到了海门区常乐镇。

张謇纪念馆是一所江南园林式建筑，始建于 20 世纪 80 年代，在纪念馆的内侧的石碑上，雕刻着张謇生前说过的一段话：

天之生人也，与草木无异。若遗留一二有用事业，与草木同生，即不与草木同腐。

对于这段话，我们历史教师非常熟悉，因为很多选择题在考“有用事业”指的是什么。答案一般设计为“他所创办的民族企业”。

「 2 」

设计这样的答案，显然是将张謇仅仅局限于一个“民族企业家”，其实，张謇的一生岂能是“创办民族企业”这一个标签所能概括的?

有趣的是，在张謇纪念馆的出口处，巧妙地设计了一个非常显眼的“数字墙”，把张謇一生的时间节点都标示出来了。

“数字墙”是张謇先生一生的缩影：16 岁考中秀才，33 岁考中举人，42 岁时高中状元，43 岁时创办大生纱厂，61 岁担任农商总长，还相继创办了十几家慈善机构、70 多家金融商贸企业、370 多所大大小小的学校……

可见，如果我们仅仅用“创办的民族企业”来解释张謇的“有用事业”，是不是有“以偏概全”之嫌?

「 3 」

作为一名教育人，我常常慨叹张謇一生竟创办了370多所学校。早在1902年，张謇等人就商议创办三江师范学堂，它是今天南京大学、东南大学、南京师范大学等江苏八所高校的前身。

三江师范学堂毕竟是官办的，张謇创办的学校更多的是民办的。张謇所创办的民办学校，经费完全由自己提供，他把办教育当作一种慈善事业。

「 4 」

再回到张謇本人。

在他看来，人与草木无异，都是大自然的产物，都经历了岁月的沧桑，都经历了千万年的进化，都应该对自然有敬畏感。

在他看来，人和草木又是不同的，因为人虽“与草木同生”，却能“不与草木同腐”。人要“不与草木同腐”，就应该做一些“有用事业”，否则，你和草木又有什么不同呢?

「 5 」

这让我想起我们的教育者，一些教师从事教育教学工作时间长了，多少有些职业倦怠感，这也属正常，但如果把这种倦怠感甚至埋怨带到教育过程中去，则实属不该，因为教师是有“职业系数”的。

当今的教育，不同于过去的私塾，不是一对一的教学，一名教师所教的班级，少则一个，多则好几个。如果一名教师教100名学生，那么教师的“职业系数”就是100。

换言之，如果你的教育教学是正确的，就会有100个孩子从中受益；反之，如果你的教育教学存在问题，那就会有100个孩子从中受害。

「 6 」

世界上有成千上万的职业，很少像教育事业这样是“一对多”的：医生看病时，往往是一对一的；商店售货员销售产品时，也是一对一服务的……

教育事业“一对多”的特质告诉我们，教育当谨慎。

当我们每天备课的时候，当我们批改作业的时候，当我们捧着书本走向教室的时候，我们心中应该默念着：我们的工作是有“职业系数”的。

明白了教师“职业系数”的特质，我们更应该深刻理解张謇的“不与草木同腐”的思想，要敬畏我们的职业，否则，我们和草木又有什么区别呢？

「 7 」

宋代词人李清照在《夏日绝句》中说：“至今思项羽，不肯过江东。”

李清照生活的时代，比项羽的时代晚了一千多年，李清照之所以发出“千年一叹”，是因为她在慨叹时代缺少豪气，家国缺少英杰。

在我们这个时代，能有张謇情怀的教育者越多越好，因此，我写下了这个题目：至今思张謇，不与草木同。

放飞教室里的“孤鸟”

「 1 」

一位家长发信息向我求援，说孩子的座位被班主任调换到最后一排，我问缘由，这位家长说：“我们家的孩子偶尔有违反班级纪律的行为，班主任在教育她几次无果后，就将她的座位调到最后一排，且这一排只有她一个学生。班主任试图用这种方式告诉全班同学，如果谁不听话，就是这个下场。”

久而久之，这个孩子的成绩急速下降，变得更加不听话，家长更加无奈，班主任似乎很得意，并常常用这个案例警告其他同学。

身在校园，听到了这个案例，我并不感到新奇。

「 2 」

就我所了解到的情况，一些班主任惩戒学生的方式无非有以下五个层次：

第一个层次，在教室里罚站，无论上什么课，违规的学生必须站够一定的时间，并且再无新的违规行为，才能坐下。

第二个层次，到教室门口罚站，班主任意在让邻班的孩子都知道某生是违规学生。

第三个层次，到班主任办公室门口罚站，违规学生的曝光面进一步扩大。

第四个层次，打电话叫家长来学校，共同向孩子施压。

第五个层次，让家长直接带孩子回家反省一段时间。

在教育的过程中，一些班主任“发明”了很多种惩戒学生的办法。一些惩戒是出于无奈，而另外一些惩戒是出于对教育的无能为力。

「 3 」

相对而言，我不太赞成除第一层次之外的惩戒。以第二、第三层次为例，一个孩子站在教室门口或者办公室外面，主要的弊端有四处：

其一，耽误了他的正常学习，久而久之，他的成绩会越来越差，行为习惯也会越来越差，让班主任的管理难上加难。

其二，这种惩戒具有一定的人格侮辱性，不符合教育法规的要求。同时，第一次罚站，孩子还会觉得有点“羞耻感”，时间久了，他会觉得无所谓，会让班主任此后的很多教育方法失灵。

其三，加剧了学生和班主任的对抗，班主任管理的难度越来越大，班级管理从此陷入恶性循环之中。

其四，也给其他同学造成不良的心理影响，拉大了师生的心理距离，让学生不再信任班主任，在学生眼中，班主任简直成了惩罚的代名词。

「 4 」

同样，第四、第五层次的惩罚则更要慎用，这些惩罚属于“穷极手段”的一种，一旦使用，已经在表明：班主任再无管理学生的办法，只能用家长来施压。用家长来施压或者让家长带孩子回家反省等措施，其后果也是显而易见的：

其一，耽误了孩子很多课程，让本来成绩就落后的孩子更加落后，甚至再无翻身的可能，一名“差生”就这样诞生了。

其二，让孩子颜面扫地，从此在他的心田里种下了不满的种子，再有其他的惩罚，他已经无所敬畏，从此他甚至“破罐子破摔”。

其三，“落后的孩子”背后，一般都有一个“落后的家长”，班主任让“落后的家长”带“落后的孩子”回家反省，其结果可想而知。

其四，这种做法很难对其他孩子产生震慑作用，反而让一些厌学的孩子期待找个理由回家，从而让班级的“差生”群体不断扩大。

「5」

即使是第一种惩戒，教师也要控制学生罚站的时间和次数。因为，惩戒仅仅是个手段，不是终极目的。在教育过程中，惩戒不是万能的，当然，没有惩戒的教育，也是教育的缺失。惩戒是教育的艺术，大凡艺术，都有超越一般的意义。在我看来，以下几种惩戒方式值得探索：

其一，反向型惩戒。我做班主任的时候，一名张姓同学曾经一周迟到四次，我让他写保证书并张贴出来，保证从此以后他“每天早上都迟到”，他坚决不肯写，但从此再也没有迟到过。

其二，自主型惩戒。当学生违反纪律后，班主任可以与他商量，让他确定如何惩戒他，这样，惩戒的结果更容易让孩子接受，因为他已经在心里认同了惩戒。

其三，立功型惩戒。学生正值少年，犯错误是正常的行为，如果他犯了错误，恰恰是教育的契机，这个时候班主任可以适当拔高对他的成绩和习惯的要求，一旦达到要求，就不再惩戒。这样的惩戒，不仅会让学生认识到自己的错误，还会让学生下决心完善自我，一举两得。

其四，奖励型惩戒。陶行知先生做校长时，看到一个学生正准备用砖头砸向另一个学生，陶校长不仅没有惩罚这个学生，反而奖励了这个学生四颗糖，让这个学生很快认识到了自己的错误。

「6」

电影《送你一朵小红花》里有一句经典台词：“生活很苦，但不要放弃爱与希望。”

我想说：“教育也很苦，但不要放弃爱与希望。”教育的本质是爱，目标是向善，惩戒只能是辅助手段，不是教育的主流，更不是教育的全部。

对于那些经常违反班级纪律的孩子而言，他们类似教室里的“孤鸟”，教育者需要做的，不是设置囚笼或枷锁，而是放飞教室里的“孤鸟”。

正如电影《肖申克的救赎》中的一句台词说的那样：有的鸟是注定不会被关在笼子里的，因为它们的每一片羽毛都闪耀着自由的光辉。

教育者，当学袁隆平

「 1 」

苏北老家处于丘陵地带，干旱少雨，一般都栽种旱稻。这种稻谷不仅产量低，而且口感不佳。

到了异乡读初中，我第一次吃到了杂交水稻的米，第一次知道站在杂交水稻后面的那个巨人——袁隆平。

后来，我做了一名历史老师。历史教材《现代中国的科学技术》一课，仅有两位科学家的照片，一位是钱学森，另一位就是袁隆平。教材用了三个自然段，全面介绍了袁隆平在杂交水稻上的贡献。

袁隆平先生虽然走了，但其精神品质永留人间。回望他从事科研的历史，那闪光的品质就像导航灯，引领我们前行——

「 2 」

“一辈子，只做一件事”的执着，引领着我们。

1960 年 7 月，袁隆平在农校的试验田中意外发现一株特殊性状的水稻，从此，他的一生与杂交水稻便有了不解之缘，杂交水稻伴随着他的一生，成为他的代名词。到了 1973 年，他第一次选育了杂交水稻新品种——南优 2 号。

十三年，就做一件事，培育杂交水稻；其实，他的一生都在研究、培育杂交水稻。而反观我们的一些教育同仁，刚刚评上了高级教师，年龄四十才出头，就想着调整到教辅后勤岗位上去；有的刚刚评上了名师或特级教师，就脱离了一线岗位，搞“空对空”的教研活动；一些名师出身的校长，已经鲜有仍站在三尺讲台之上的……

「 3 」

“一辈子，都追一个梦”的精神，引领着我们。

中央电视台曾经采访过袁隆平，问他有什么梦想，他说他一直有两个梦：一个是“禾下乘凉梦”，一个是杂交水稻“覆盖全球梦”。作为“稻田里的守望者”，他一生都在追求民生梦、家国梦。

而反观我们的一些教育同仁，面对教育过程的“天花板”，往往很难有袁隆平的不断突破的精神；面对教育对象的问题，往往只会责备学生的基础差、能力差、家庭环境差……而袁隆平一辈子都躬耕于田野，从来没有埋怨过水稻，从来没有埋怨过田野。

「 4 」

“一辈子，仅一介农夫”的品质，引领着我们。

袁隆平，一生多才多艺，曾经夺得 1947 年的武汉游泳比赛冠军，也曾做过农校教师，酷爱拉小提琴，但最值得他自豪的身份是农民。2004 年，中央电视台《感动中国》给袁隆平的颁奖词中写道：“当他名满天下的时候，却仍然只是专注于田畴。淡泊名利，一介农夫，播撒智慧，收获富足。”

而反观我们的一些教育同仁，稍有一些名气，就会在乎别人的评价，在乎自己的得失，在乎自己的学术地位。一所大学举办研讨会，主持人介绍某学者是某著名高校的副教授，这位副教授马上起身更正道：“我已经是教授了。”

「 5 」

教育是“慢”的艺术，需要我们静待花开，不可急功近利；教育是“耕”的艺术，需要我们躬耕田野，不可心浮气躁；教育是“追”的艺术，需要我们一生探索，不可朝三暮四。

袁隆平先生去世后，数万长沙人街头冒雨为他送行，新华社发文纪念，联合国粮农组织总干事赞誉他“一生修道杂交稻”，这都让我想起了《道德经》中的一句话：“夫唯不争，故天下莫能与之争。”

谨防教育的“近视眼”

「 1 」

今日放假，偶有闲暇，我拜读了微信公众号“大国小民”上的一篇文章，颇有感慨。

微信公众号“大国小民”是四军兄的“小菜园”，不定期推送他的教育随笔、读史感悟、小说散文……最新的一篇文章是《听讲座有感——路在脚下》。

「 2 」

四军兄是名语文教师，他在文中说：“作文的技巧，两节课应该可以讲完，三节课可以讲透，再印一本小册子，人手一册，是不是就如武侠小说里一样，能打通任督二脉，脱胎换骨？”

他所说的作文教学，现在在一些老师那儿成了一门“技术活”，“两节课应该可以讲完，三节课可以讲透”。这种现象，在许多学校较为普遍地存在着，久而久之，作文教学背离本真会越来越远。

不仅仅如此，一些老师的阅读教学的功利化也非常严重，四军兄在文中说：“高中是实现阅读飞跃的重要阶段，可是，恰恰这段时间往往成了阅读的荒漠，只是幸存着几本必读书目，也读得囫囵仓促。”

写作靠技巧，阅读靠必读篇目，在这样功利化的语文教学面前，如何去“十年树木，百年树人”？

「 3 」

功利化的教育教学，不仅仅彰显在学科教学上，其实早已渗透到学校教育、家庭教育、社会教育的方方面面。

君不见——老师见到学生的第一句话，往往是“这次你考得怎么样？”其实，问点别的又何妨？君不见——家长到学校见到了老师，第一句话往往是“我想和你谈谈孩子的成绩情况”，很少有家长找老师聊孩子学习之外的事。

教育不是商业，不可以急功近利；教育也不是大棚蔬菜，不可以迅速有收成。许多事情上可以“近视眼”，唯独教育不可以。

「 4 」

教育的发展规律，决定教育必须远视一些。“十年树木，百年树人”，意思是说，如果培育树木需要十年的话，那育人就需要一百年。更何况，培育一棵树远不止十年，那育人的周期应该更长。教育是“慢”的艺术，需要“慢”浇水，“慢”施肥，“慢”间苗，在“慢”的火候中，炖出教育的真谛。

社会的真正需求，决定教育必须远视一些。学校教育只是一阵子，而孩子适应社会是一辈子。学生在中小学所学的知识，在未来工作中能用上的微乎其微。因此，没有分数，很难“过得了今天”，但如果只谈分数，很难“过得了明天”。未来的社会需要有学问、有道德、有担当、有情怀的公民，学业只是其中之一而已，可见，我们不能把学业成绩和教育画等号。

孩子的成长特征，决定教育必须远视一些。孩子的发展是个系统工程，德、智、体、美、劳，五育并举，不可偏废。这五个方面，如果孩子在某个方面存在缺失，从某种意义上说，我们都是在培养“残疾的孩子”。

「 5 」

规避教育的“近视眼”，需要我们拥有正确的教育观，明了教育的本质就是让人成为更好的自己；需要我们拥有正确的人才观，全面发展的人才是真正的人才；需要我们拥有正确的发展观，成绩只是一阵子，做人才是一辈子。

大凡速成的，往往都失去了其原味，就像大棚蔬菜，其味道远远比不上露天地里长出的蔬菜。大凡“近视”的，往往都带有功利的色彩，以为近一些可以看得清楚，其实有些事物，远观才能更清楚，教育就是这样。

「6」

毛泽东在《七律·和柳亚子先生》一诗中写道：“牢骚太盛防肠断，风物长宜放眼量。莫道昆明池水浅，观鱼胜过富春江。”

谨以伟人的诗句“风物长宜放眼量”送给教育人，教育万万不能“近视眼”。

学生第一

「 1 」

夜读《史记》，我被《绛侯周勃世家》中的一段文字所打动。《绛侯周勃世家》所记录的是西汉周勃、周亚夫父子的传记。在周亚夫的传记中，司马迁写道——

文帝之后六年，匈奴大入边。乃以宗正刘礼为将军，军霸上；祝兹侯徐厉为将军，军棘门；以河内守亚夫为将军，军细柳：以备胡。

这段文字记述了西汉初年，在匈奴大兵压境的背景下，汉文帝分别派刘礼、徐厉、周亚夫三位将军分别驻守三个地方，以防备匈奴入侵，其中，周亚夫驻军细柳这个地方。

「 2 」

上自劳军。至霸上及棘门军，直驰入，将以下骑送迎。已而之细柳军，军士吏被甲，锐兵刃，彀弓弩，持满。天子先驱至，不得入。先驱曰："天子且至！"军门都尉曰："将军令曰'军中闻将军令，不闻天子之诏'。"居无何，上至，又不得入。于是上乃使使持节诏将军："吾欲入劳军。"亚夫乃传言开壁门。

面对紧急情势，皇帝到一线慰劳军队，刘礼、徐厉的部队远远地列队相迎，唯有周亚夫的部队按兵不动，始终保持战备的状态。周亚夫不仅没有出营门迎接，而且即使皇帝驾到也不得进入营门，只在出示使者符节之后，周亚夫才让人打开营门。

「 3 」

壁门士吏谓从属车骑曰："将军约，军中不得驱驰。"于是天子乃按辔徐行。至营，将军亚夫持兵揖曰："介胄之士不拜，请以军礼见。"天子为动，改容式车。使人称谢："皇帝敬劳将军。"成礼而去。

既出军门，群臣皆惊。文帝曰："嗟乎，此真将军矣！"

皇帝虽然进得营门，周亚夫一方面让人通知皇帝的随从，说军营中不可以骑马疾行；另一方面，见了皇帝又说："穿戴盔甲的将士不能跪拜，请允许我以军礼参见皇上。"走出了军门，大臣们都非常惊讶，汉文帝却称赞周亚夫是真正的将军。

「4」

读了这段文字，我对周亚夫将军肃然起敬：其一，永不唯上的精神，没有因为前来军营的是皇帝，而坏了部队的规矩，皇帝一行只得"按辔徐行"。其二，永不从众的心理，当另外两个将军远远列队迎接皇帝时，只有周亚夫的部队始终保持战备状态。其三，永守底线的态度，军人的底线就是时刻准备打仗，即使皇帝来了，周亚夫的部队也没有卸下盔甲，周亚夫本人更没有为了行君臣之礼而脱掉军服。

「5」

这段文字让我联想到我们的教育，如果我们每个教育者都能有周亚夫的职业操守——永不唯上、永不从众、永守底线，那么教育就能回归本真的境界——

其一，始终把"学生第一"放在心头。没有学生，就没有学校。教育的本质就是服务，就是服务学生的发展，学生才是教育的"顾客"。面对"顾客"，我们应该恪守"服务员"的操守，把学生的利益放在第一位。无论你遇到怎样的困难，无论你遇到怎样的不顺，都不应该有丁点儿的理由去简单地应付每一节课。

其二，始终把"规矩意识"放在心头。国有国法，家有家规。每个单位都有自己的规矩，学校也不例外。当你把学校的纪律视作草芥的时候，其实，你心中的敬畏意识早已荡然无存。物理学认为力的作用都是相互的：当你不善待单位的时候，单位凭什么要善待你？当你不善待学生的时候，学生又凭什么要善待你？

其三，始终把"为人师表"放在心头。面对皇帝前来慰劳，周亚夫在下属面前没有表现出丝毫的谄媚，而是始终保持军人姿态，因为他深知：他的样子，就是他下属的镜子。同样，老师是学生的镜子，学生是老师的影子，作为教育工作者，不管你的教学水平有多高，如果不能做到为人师表，你就失去了做教师的基本条件。

「 6 」

华为公司对员工的要求是“面对客户，背对领导”。我们期待每一个教育工作者在面对学生时，都能牢记这四个字：学生第一。

因为我也有孩子

「 1 」

初秋的雨，淅淅沥沥；午间的风，略显湿凉。我正准备在办公室沙发上小憩，忽然接到二十多年前的一名学生的电话。

她边说边流泪，原因大致如下：她孩子今年高二，学校前期让她孩子改学美术，近期又让孩子把外语由英语改为日语，她非常不理解，孩子也不愿意改学日语。她就打电话给班主任，班主任也同意了他们的选择，只是态度不太友好……

「 2 」

她在电话中说："为什么我的孩子不能遇到像您这样的班主任？当我们家穷得交不起学费的时候，是您找主任找校长帮我们减免；当我们买不起草稿纸时，是您将废试卷装订好给我们几个同学；当我暴雨天无法回家吃午饭又没有钱去食堂买饭时，是您将泡好的方便面递给了我……事情已经过去 25 年了，一幕幕，都记忆犹新。"

老实说，她所说的情节，我一件也回忆不起来了：或许因为时间久了，或许因为这些事情实在太过于平常了。

「 3 」

但她在电话中所说的另一件事，倒是真的触动了我。她说，她的第二胎是双胞胎，目前在乡镇幼儿园读中班，两个孩子特别调皮，但幼儿园老师特别用心，从来没有怨言。当这位母亲当面给幼儿园老师致歉的时候，幼儿园老师只是淡淡地说："这是我应该做的，因为我也有孩子。"

"因为我也有孩子"这句话让我思考了很久，让我想到了教育家斯霞的"童心母爱"思想。

「4」

南京大学原党委书记胡金波在《斯霞，给学生带得走的美好》一文中写道：“缺少母爱的教育，无论教材编写得多么科学，教学环节设计得多么完整，方法应用得多么精妙，实验仪器配置得多么先进，其效果‘像星光一样璀璨却很遥远’。”

斯霞眼里的“母爱”，不是“自然母爱”，而是“超然母爱”，就是把学生当作自己的孩子一样看待，就是以理解为核心、尊重为前提、亲近为手段、智慧为燃料的教师挚爱。

「5」

好的教育，总是和教师的“母爱”相关联。爱因斯坦曾说：“教育，就是当一个人把在学校所学全部忘光之后剩下的东西。”一个学生，离开了校园，离开了教室，将所学全部忘光之后，剩下的更多的是老师给予的爱，以及爱所产生的“产品”。因此，我们每一名教师在面对孩子时，都应该在耳畔响起“因为我也有孩子”——

“因为我也有孩子”，所以，老师应当尊重孩子的选择。只要孩子的选择是正向的，就不应该代替孩子做选择。特别是在分科、填志愿、选择外语语种等重要抉择的时候，“学生第一”的原则要遵循，“包办”不是真正的教育。

“因为我也有孩子”，所以，老师应当理解孩子的难处。理解是爱的基础，在教育教学过程中，孩子有孩子的视角，孩子有孩子的认识。因此，对某一问题的看法，我们不能要求整齐划一，不能非此即彼，搞二元对立。不同的花儿有不同的花期，我们不要要求基础不同、智力不同的孩子有相同的进步。

“因为我也有孩子”，所以，老师应当激励孩子前行。孩子在前行的路上，难免有坎坷，难免有挫折，当他摔倒时，我们要像鼓励自己的孩子一样鼓励他勇敢地站起来，而不是不闻不问，或者是冷嘲热讽。正如鲁迅先生所言：“我每看运动会时，常常这样想：优胜者固然可敬，但那虽然落后而仍非跑至终点不止的竞技者，和见了这样竞技者而肃然不笑的看客，乃正是中国将来的脊梁。”

“因为我也有孩子”，所以，老师应当凝练教育智慧。在“双减”背景下，教育不是简单的加减乘除，需要我们在工作中学会工作，在实践中凝练智慧。凝练教育的智慧，就是在寻觅打开学生心灵的不同钥匙，让更多的孩子豁然开朗。

「 6 」

回望教育经历，我总是感慨万千：年轻的时候，初为人师，不懂教育，只知道对学生好；中年之后，才知道教育不仅仅是技术，更是艺术，不仅仅是职业，更是事业，不仅仅是简单的爱，更是智慧的爱。

老师，当你总是想起“因为我也有孩子”，你的教育，一定会给学生留下带得走的美好！

教育，“无痕”乃大

「 1 」

案例一：相传古代有位老禅师，一日晚间在禅院里散步，看见院墙边有一张椅子，他立即明白有弟子违反寺规翻墙出去了。老禅师也不声张，静静地走到墙边，移开椅子，就地蹲下。

不到半个时辰，他果真听到墙外一阵响动。少顷，一个小和尚翻墙而入，黑暗中踩着老禅师的脊背跳进了院子。当他双脚着地时，才发觉刚才自己踏上的不是椅子，而是自己的师父。

小和尚顿时惊慌失措，张口结舌，只得站在原地，等待师父的责备和处罚。出乎小和尚意料的是，师父并没有厉声责备他，只是以很平静的语调说：“夜深天凉，快去多穿一件衣服。”

「 2 」

案例二：最近，在一次“校长面对面”的座谈会上，一名学生递给了我一封信。在这封信中，这名学生说，班主任每天都在班里强调，学生不得玩手机，可我们的班主任只要是自习课，都在捧着手机，或收发信息，或浏览网页，或……学生最后问了一句：“校长，您怎么看待这种现象？”

「 3 」

案例三：一名教务处的同事，经常被教辅资料的推销员“围猎”，请客不去，送礼不要，推销员实在没有办法，从南京给他寄了一套书，书中夹带着 500 元的超市卡。

这位同事给远在上海读大学的女儿发短信，要求其转 500 元红包给他，他随后将 500 元红包转给了那位推销员。他的爱人很不解，责备他：“你明明有钱，为什么还要麻烦忙于考研的女儿？”他淡淡地回答：“这是多好的教育孩子的机会呀！”

「 4 」

这三则案例，对学校教育、家庭教育、社会教育都有很强的借鉴意义，给我们诸多的启示——

其一，好的教育，应该追求无痕。

案例一中，面对违规的弟子，老禅师没有大发雷霆，也没有立即排查，更没有“钓鱼执法”，而是考虑到夜深天凉，在墙边默默守候违规的弟子——充当弟子翻墙的梯子；当等到弟子回来时，还不忘关心一句：“夜深天凉，快去多穿一件衣服。”

老禅师的故事告诉我们，面对违规的孩子，严肃批评是一种选项，而通过“无痕”的处理，让孩子自己感悟到错误的原因、错误的性质并设法去改正，这也不失为一种比较高明的选择。大爱“无痕”，教育本身就是大爱，“无痕”的教育就是在不经意之间，让教育的效应尽情释放。

「 5 」

其二，好的教育，应该注重身教。

案例二中，虽然班主任每天都在强调，学生不得违规使用手机，但是见效甚微，学生只是将玩手机转入了地下。也许这位班主任非常苦恼，认为问题在学生身上，其实问题根源在班主任，他每天都在班里玩手机，他用自己的行动告诉学生：我可以玩手机，你们不可以。

家庭教育也会出现这样的现象。我们总是生活在教育的悖论世界里：一些家长总是期待孩子不玩手机、不打球，一心一意地学习，自己却总是寻找快乐的法子，总是手机不离手；一些家长总是期待孩子来完成自己没有完成的理想，自己却把曾经的理想忘得一干二净。

「 6 」

其三，好的教育，应该抓住契机。

教育如同农业，应该遵循节气的规律，更应该讲究播种的时机。即使你的教育初衷再美好，你的教育技术再高超，如果不讲究教育的契机，恐怕也很难达到应有的效果。

案例三中家长的做法，就值得称道，他利用向女儿要红包的机会，进行了廉洁教育，用自己的行为告诉女儿：不能接受别人的钱物。相反，我们很多家长在教育的过程中，不懂得时机选择的重要性，随时随地都在教育孩子，其实，许多场合往往不适合教育孩子。

「 7 」

教育作为不可逆的过程，需要慎重对待，需要“无痕”，需要身教，需要契机，否则，将来你连后悔都来不及。

再谈教育“无痕”

「 1 」

近日，微信公众号“历史的清晨”推送了教育感悟《教育，“无痕”乃大》。一名网友留言说：“现实的结果可能是从此以后大量小和尚翻墙出去。理想的教育和现实的结果往往不一样，我们往往容易感动，其实我们只是感动自己和感动愿意相信故事而且容易感动的人。”

另一名网友回复说：“不要把教育想得那么糟糕，如果自己都感动不了自己，何以能感动别人？让我们先感动自己，再去影响别人吧！”

「 2 」

看来，我们对教育“无痕”的认识还不尽相同，这让我想起了张艺谋的电影《英雄》。在电影中，一位剑客强调剑的三层境界：第一层境界——手中有剑，心中有剑；第二层境界——手中无剑，心中有剑；第三层境界——手中无剑，心中也无剑。

其实，第三层境界正是电影中的剑客所追寻的。当一名剑客手中无剑，心中也没有剑的时候，那就是“侠之大者”——追求国家和平、苍生无恙。

「 3 」

在我看来，“无痕”的教育，就是教育的最高境界。无论你是老师，还是家长，都应该在下面两个层次上追求“润物细无声”：

其一，“无痕”的教育，总是藏在示范里。

老师是学生的镜子，学生是老师的影子。当我们去要求学生规范自己言行的时候，首先要规范老师自己的言行。否则，你的教育很难达到理想的境界。教育者让人敬佩的，无非是师德、师能，常言道“学高为师，德高为范”，说的也是这个理。

丰子恺先生在回忆恩师李叔同的文中写道：“课余但闻琴声歌声，假日常见学生出外写生，这原因一半当然是他对这二科实力充足，一半也由于他的感化力大。只要提起他的名字，全校师生以及工役没有人不起敬的。”

在李叔同执教之前，几乎没有孩子重视音乐、美术这两科，但李叔同改变了这一切，一方面是因为他的才华出众，另一方面是他的“感化力”大。在多年之后，他的学生丰子恺出版绘画集《护生画集》，也是为了纪念恩师李叔同。

李叔同在教育学生时，从来没有高声过，比如他每次发现了学生的错误，并不会立刻责备，而会在下课后用“很轻而严肃的声音”和气地指出，言毕又总会微微一鞠躬，与学生道别……这些都值得我们学习，要尊重学生，要尊重个体，尊重教育的规律。

「 4 」

其二，“无痕”的教育，总是藏在引领里。

中小学生，尚未成年，心智尚未成熟，青春期就像一条条没有航标的季节河，河的未来流向何处，这在一定程度上取决于老师的引领。从这个层面上看，思想偏激的愤青，是不宜做班主任的。在课堂上，一些教师信口开河，无疑在误导青少年学子，往往会把孩子带偏了，这才是教育的悲哀。

魏巍在其散文《我的老师》中写道：“这时候蔡老师援助了我，批评了我的‘反对派’们，还写了一封信劝慰我，说我是‘心清如水的学生’。一个老师排除孩子世界里的一件小小的纠纷，是多么平常，可是回想起来，那时候我却觉得是给了我莫大的支持！”

青春年少，谁都可能有一段时期想不开，这时候，就需要老师善于观察，善于引导，伸出援手，帮助孩子排忧解难，这比教孩子考试得满分要重要得多。魏巍的老师蔡芸芝先生就是在魏巍最需要宽慰的时候帮助了他，单独写信劝慰他，还夸他是“心清如水的学生”。

「5」

在孩子的心目中，老师总是最神圣的，你的一言一行都会给孩子带来一生的影响。前不久，我在 25 年前曾教过的朱同学给我发信息，她在信息中说：“您调离学校后不久，我就辍学到安徽去打工，室友中有的女孩子嫌打工太累、收入太低，有的就去了风尘场所……而我，一想到老师您的教导，想到您对学生种种的好，就下决心打工挣钱，不走歧途。而且，我现在教育自己的孩子也是‘一定要走正道’。”

其实我只教了她一年半，后来就调离了。每每想到这件事，我就深感教育的功用：善莫大焉。

「6」

何谓教育“无痕”？其实就是“随风潜入夜，润物细无声”。何谓“教之大者”？其实就是孩子离开了学校后，依然念念不忘的东西。

病当何救

「 1 」

近年来，关于教育中的惩戒常常引发热议，一部分论者认为，教育的本质在于引导，应该远离惩戒；而另一部分论者认为，教育惩戒不可或缺，是教育的重要组成部分。

谁是谁非，难有公论，倒是南北朝著名教育家、文学家颜之推的《颜氏家训》中的一段话给了我们诸多启示：

凡人不能教子女者，亦非欲陷其罪恶；但重于诃怒，伤其颜色，不忍楚挞惨其肌肤耳。当以疾病为谕，安得不用汤药针艾救之哉？又宜思勤督训者，可愿苛虐于骨肉乎？诚不得已也！

颜之推的意思是说，普通人不能教育好自己的子女，也并不是想要使子女陷入走向罪恶的境地，只是不愿意使他因为受到责骂训斥而神色沮丧，不忍心使孩子因为挨打而使肌肤痛苦。假设我们用生病这件事来做比喻：怎么能不用汤药、针灸来救治就让病好呢？还应该想一想那些经常认真督促训诫子女的人，难道他们愿意对亲骨肉苛责吗？实在是不得已而为之啊！

「 2 」

颜之推的这段话，其实是通过两方面在说明教育惩戒的重要性。

一方面是用治病举例子，在他看来，既然生病了，就应该想办法通过药物或者针灸去治疗，而不是坐而等死。教育就像治病，在孩子成长过程中出现了病态，理所当然要治病救人，而治病救人的重要手段之一就是惩戒。惩戒就像汤药与针灸，的确会给孩子带来一定的痛苦，但这样的痛苦是不可避免的，为此，颜之推先生还反问一句：“安得不用汤药针艾救之哉？”

另一方面是用家庭教育举例子，一些家长面对孩子的错误，使用了惩戒手段，认真督促孩子去整改，这些家长也不愿意面对孩子因为惩戒而面临的痛苦，但是为了教育，他们也不得不为之。在颜之推先生看来，这些家长不是不爱孩子，而是明知孩子很痛苦，也要恪守教育的底线，从某种意义上说，这才是真正的爱，关于教育的大爱。

「3」

既然早在一千多年前古人就明白了惩戒的重要性，既然惩戒对于教育是不可或缺的，那为什么教育中的惩戒还会持续引发这么多的争议呢？

在我看来，教育中的惩戒会成为热点问题，主要原因无非有三：

一是认识问题。多年来，我国长期实行“只生一孩”的计划生育政策，独生子女家庭比较普遍，“小皇帝”“小公主”现象相对较多。在子女稀缺的背景下，宠爱教育往往就占了上风。一些家长对孩子疼爱有加，不仅自己舍不得惩戒，更舍不得学校的老师处罚孩子，久而久之，“赏识教育”似乎就成为教育过程中永恒的主角，久倡不衰。

二是环境问题。近年来，受各种因素影响，中学生的抑郁症发病率居高不下。抑郁症的诱因很多，但抑郁症一旦和教育中的惩戒沾上了边，并且还引发了安全事件，那教师就脱不了干系。基础教育现在有两大压力，一是安全压力，二是成绩压力。在这样的大环境下，惩戒似乎成了教育中的雷区，大家都不敢触碰，久而久之，戒尺就自然成了文物。

三是尺度问题。虽然媒体不断报道形形色色的体罚学生事件，但是，就学校教育而言，体罚毕竟是小概率的事件。而更需要我们关注的是，由于谈“惩戒”色变，学校教师在教育过程中就很难把握住惩戒的尺度，往往把体罚或变相体罚转为地下行为，而地下行为何谈标准与尺度？因此，由于惩戒的尺度难以把握，学校就很难倡导，岂不知，缺失了惩戒的教育，就像一个生病的人坚决不去看医生一样危险。

「4」

教育过程中，到底需不需要惩戒呢？答案是肯定的。但是，我们需要把握住惩戒的底线：

惩戒的底线应在于厘清错误的性质上。如果孩子的错误是客观上造成的，或者是因为主观上考虑不周或缺乏经验造成的，这类错误就没有必要实施惩戒。如果孩子的错误是其主观上刻意为之，且性质比较严重，那就应该给予一定的惩戒，惩戒的目的是让其认清错误，承担责任，以此为戒，以防再犯。

惩戒的底线也在于明了教育的目的上。教育的出发点是爱，教育的归宿点是使人向善，成为更优秀的自己。如果明了这样的教育目标，无论是家长还是教师，就都不应该把教育和树立自己所谓的权威相关联，也不该把惩戒和体罚简单地画等号。

惩戒的底线还在于优化教育的手段上。再好的初衷，都应该和优秀的教育策略完美结合起来。如果我们在惩戒孩子时，只一味地说是为他们好，而不讲究惩戒的策略，那惩戒措施也不会达到预期效果，甚至会与初衷背道而驰。

「5」

当孩子犯错误时，家长或者老师应当帮其剖析原因、明确责任，同时，还应该给予适当的惩戒。如果孩子犯了错误，我们默然处之，甚至隐恶扬善，这会助长孩子的错误，他将来可能会犯更大的错误。

病人当送医，这是最基本的常识。面对孩子的错误，我们的耳畔应当响起颜之推先生的话：“当以疾病为谕，安得不用汤药针艾救之哉？”

不疯魔不成活

「 1 」

京剧有一句行话："不疯魔不成活。"这句话的意思是，只有达到痴迷的境界，深陷其中，如痴如醉，忘我地全身心地付出，才能将一件事做到极致。

「 2 」

英国有一位电影演员叫刘易斯，一天，世界著名电影导演斯皮尔伯格邀请他出演电影《林肯》中的林肯一角，刘易斯答应下来，而后花了一年时间去理解林肯，导致电影开机晚了一年。

在这一年里，刘易斯不仅阅读了 100 多本关于林肯的书籍，不仅让顶级造型师把自己"变成"了林肯，还以林肯的身份开始了全新的生活：吃林肯喜欢吃的菜，穿林肯喜欢穿的衣服，读林肯喜欢读的书，去林肯喜欢去的场所，说林肯喜欢说的话……有一次，刘易斯走在人群中，有位朋友向他打招呼时忘了称他总统先生，他煞有介事地说："对不起，您认错人了，我是林肯，不是刘易斯。"他的行为让朋友哭笑不得。

一年后，刘易斯成功出演了电影《林肯》，获得了巨大成功。事实证明，古往今来的艺术大师、科学巨人、文学巨匠等能成就一番大作为者，不乏疯魔之辈，唯有此等痴迷投入才能终成大器，故有"不疯魔不成活"一说。

「 3 」

万物同理，艺术家、科学家是这样，我们教育工作者也是这样。在苏北工作时，我有幸结识了江苏省淮阴中学的数学特级教师罗会元老师。初见罗老师，我看到的好像只是一名极其普通的邻家老人，衣着朴素，行事低调。我们邀请他给高三奥赛班的尖子生教授北大清华自主招生的数学难题，可他每次来都两手空空（没有教材，没有教辅，没有讲义，没有一张纸片），原来千变万化的题目和答案都在他的头脑里……

再进一步接触，我方知罗老师居然不会用电脑打字，不会发邮件，不会发短信，不会用微信，更没有QQ（一款通信软件）、微博……在他的世界里，只有“数学”两个字；他与人交流，也言必称数学。每次他给孩子们上课，下课铃声响了，孩子们连上厕所都不愿去，齐声央求罗老师：“老师，请再讲一题吧。”记得那一年自主招生，我们学校的一名学文科的孩子，在北大自主招生考试中数学得了满分。

「4」

电影演员刘易斯和数学教师罗会元的故事，都给我们教育工作者诸多的启迪——要想业务显“贵”，必须背后受罪；要想“活儿”精彩，须得千锤百炼。

作为一名教师，要想自己的“活儿”精彩纷呈，脱颖而出，就需要在诸多领域多一点“疯魔”，达到忘我的境界。

「5」

教育，当痴于“研”。虽然学界对教师写论文、做课题研究有各种各样的负面声音，但不会做科研的教师不会成为一名优秀的教师。在教育过程中，我们需要研教材、研教法、研试题、研学生，在研究中完善自我，提升自我，优化教育路径。

教育，当醉于“新”。年年岁岁花相似，岁岁年年人不同。学生总是在不断的变化中，而我们的知识储备却在不断地老化，这就需要我们不断探索新的教育路径，以适应教育改革的形势。对于教育而言，永远的不变，就是变化，如果我们不能在创新中适应，就会在时代的洪流中落伍。

教育，当成于“静”。人的精力总是有限的，如果我们在前行的道路中追求过多，可能最终一无所获。对于一名教师而言，如果你不能静心研究、静心育人，你的教育绩效也会大打折扣。比如，你既想教好书，又想被提拔，这显然是“鱼

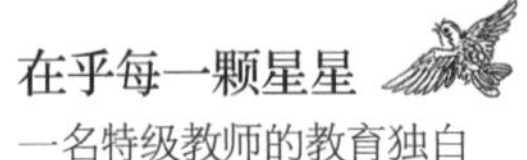

和熊掌不可兼得”。

教育，当终于“爱”。教育不是简单的劳作，不像“躬耕于南阳”那么简单，它需要我们既有一颗童心，又有一份母爱。教育之爱，不是简单的母女之爱、父子之爱，而是超越亲情、充满期待、弥漫无私的大爱。

「6」

在电影《霸王别姬》中，段小楼展现了力拔山兮气盖世的刚，程蝶衣呈现了声声万念俱碎的柔，都印证了“不疯魔不成活”的朴素道理。

戏如人生，人生如戏。不疯魔不成活——戏剧中的道理，同样也适用于当代的教育。